AF269704

El pequeño libro de la

SANACIÓN

con los

ÁNGELES

PRIMEROS AUXILIOS DESDE LOS REINOS CELESTIALES

2ª edición: enero 2022

Título original: The Little Book of Angel Healing
Traducido del inglés por Julia Fernández Treviño
Diseño de portada: Editorial Sirio, S.A.
Maquetación: Toñi F. Castellón

©   de la edición original
     2019 de Kimberly Marooney

©   del prólogo
     2019 de Jean Slatter

     Impreso con permiso de Hampton Roads Publishing Company
     Publicado por acuerdo con Hampton Roads Publishing Company Inc.

©   de la presente edición
     EDITORIAL SIRIO, S.A.
     C/ Rosa de los Vientos, 64
     Pol. Ind. El Viso
     29006-Málaga
     España

www.editorialsirio.com
sirio@editorialsirio.com

I.S.B.N.: 978-84-18531-05-7
Depósito Legal: MA-110-2021

Impreso en Imagraf Impresores, S. A.
c/ Nabucco, 14 D - Pol. Alameda
29006 - Málaga

Impreso en España

Puedes seguirnos en Facebook, Twitter, YouTube e Instagram.

El papel utilizado para la impresión de este libro está **libre de cloro** elemental (ECF) y su procedencia está certificada por una entidad independiente, no gubernamental, que promueve la sostenibilidad de los bosques.

Kimberly Marooney

El pequeño libro de la
SANACIÓN
con los
ÁNGELES

PRIMEROS AUXILIOS
DESDE LOS REINOS CELESTIALES

EDITORIAL SIRIO

*Yo experimento la gracia, y por eso todos los días me empeño
en vivir intensamente cada momento aprovechando esta
fuente infinita de amor, sabiduría, sanación, y de todo aquello
que recibimos de los ángeles y de los reinos celestiales.*

Dedico El pequeño libro de la sanación con los ángeles *a todos
los trabajadores de la luz, a los amantes de los ángeles y a los
sanadores que comparten conmigo este viaje hacia la plenitud.
Tú eres la bendición.*
Kimberly

Índice

Prólogo
Ángeles al rescate

¿Crees que los ángeles pueden intervenir en nuestro nombre? He oído innumerables historias de asistencia divina que me han afectado a un nivel muy profundo. Cada vez que recuerdo una de dichas historias no puedo evitar que se me salten las lágrimas.

Una madre me contó que en una ocasión ella y su hijo de dos años se habían detenido para admirar un camión de bomberos aparcado en la acera. Estaban cruzando la calle para seguir con sus ocupaciones cuando de repente sucedió algo completamente imprevisto. La madre se giró y vio a su hijo atravesar la calle corriendo para volver junto al camión, y vio también un coche que circulaba a gran velocidad en su dirección. A todas luces, el accidente era inminente e inevitable. Aquel fue un momento interminable de angustia, pánico y dolor que ninguna madre desearía experimentar.

Su único pensamiento fue: «¡Por favor, Dios, no lo permitas!». En el mismo instante en que ese pensamiento pasó por su mente vio un ángel que descendía sobre su hijo y lo lanzaba hacia sus brazos con tal fuerza que ambos cayeron hacia atrás. Se quedaron allí abrazados, emocionalmente impactados, y a medida que tomaban conciencia de lo que había sucedido comenzaron a llorar de alivio.

Esa misma noche cuando la madre estaba acostando a su hijo, él le preguntó: «Mami, ¿tú me viste volar?».

Historias espectaculares como la que acabo de narrar estremecen nuestro corazón e inspiran nuestra fe en los milagros. No obstante, hemos llegado a creer que los poderes del universo están reservados para rescates que quitan el aliento, y para otros actos de proporciones heroicas. Pero ¿qué pasa con las necesidades más pequeñas y menos dramáticas? ¿Acaso podemos invocar a los ángeles para que nos ayuden con los problemas comunes en nuestra vida cotidiana?

Muchas religiones nos dicen que Dios está en nuestro interior. Muchos programas de debate que se trasmiten durante el día nos recuerdan que nos conectemos con el Espíritu. Docenas de autores de *bestsellers* nos animan a encontrar el acceso a nuestra guía divina. Pero ¿cuántos de nosotros sabemos cómo invocar los poderes sanadores de los ángeles?

El libro de Kimberly Marooney te enseñará a pedir y recibir asistencia angélica para los problemas de la vida cotidiana. Lo creas o no, nuestros ángeles y todos los seres del reino espiritual *desean* que los incluyamos en todos los aspectos de nuestra vida. Ellos *quieren* que solicitemos su ayuda. Ansían que sepamos que su energía amorosa está a nuestra disposición en cualquier momento, en cualquier sitio y en cualquier situación.

¿Necesitas ayuda con un problema de salud? ¿Te sientes agobiado y estresado? ¿Tu vida se está desintegrando? ¿Te estás hundiendo en la tristeza y la depresión? ¿La adicción a la comida está arruinando tu vida? ¿Estás deseando encontrar a tu alma gemela? ¿Quieres mantener una relación más estrecha con lo Divino? ¿La pena o el resentimiento te están consumiendo? ¿Estás bloqueado, estancado, o te sientes solo?

¡Ángeles al rescate! Lo único que tienes que hacer es localizar en este libro el remedio que los ángeles ofrecen para tu problema y descubrir los milagros cotidianos.

La ayuda celestial es un regalo incondicional que nos ofrece el benevolente universo. Abre tus ojos y descubrirás la evidencia de lo milagroso. Tú *ya* tienes acceso a la sanación de los ángeles; un regalo ofrecido por el cielo que se supone que vas a utilizar con gran alegría y por el bien de todos.

¡Esa es la magia!

Jean Slatter,
autora del éxito *Pon el cielo a trabajar*

Una invitación divina

Estamos invitados a aceptar el abrazo acogedor de los ángeles.
¿Quién podría resistirse a semejante invitación divina?
Esto limita nuestras decisiones.
Podemos responder a la llamada con alegría
y celebrar cada paso del viaje,
o podemos ser transportados en camilla
a los reinos celestiales de la sanación.

UNA INVITACIÓN DIVINA

Cierta mañana, no hace mucho tiempo, el arcángel Rafael se presentó en mi meditación como respuesta a mi plegaria. «¡Solo te pido que me digas qué debo hacer!», le imploré. Estaba luchando con un persistente problema de salud y estaba harta de lidiar con él. Su presencia no me sorprendió porque tengo la bendición de contar con la presencia y la guía constante de los ángeles. Sin embargo, lo que sí fue una sorpresa fue el mensaje que me transmitió Rafael y hacia dónde me condujo la energía contenida en sus palabras.

Este mensaje me permitió ver, oír, sentir y recibir la bendición que sus palabras describieron de una forma más profunda de lo habitual. Yo me encontraba en una clínica de sanación divina, rodeada por seres de luz que envolvían mi cuerpo físico y mi vida con mi cuerpo de luz. Al cabo de unos instantes estaba profundamente sanada y me encontraba en un estado elevado de conciencia. Esa experiencia fue una llamada a la acción para cocrear *La sanación de los ángeles* con el arcángel Rafael, el Sanador Maestro. La clínica en la cual me curé de mis males es la misma que te ofrezco a través de estas páginas. Sus puertas siempre están abiertas para ti.

Millones de personas de todas partes de nuestro amado mundo están pidiendo, llorando y rezando: «¡Solo te pido que me digas qué debo hacer!».

¿Eres tú uno de nosotros? Los desafíos de la vida a veces pueden ser realmente angustiantes. No nos han creado para hacer que la vida funcione sin la ayuda celestial. Nos agobiamos y nos estresamos porque pensamos que tenemos que resolverlo todo por nosotros mismos.

PRIMEROS AUXILIOS CELESTIALES

Cada uno de nosotros tiene acceso a la sanación divina, y los ángeles nos brindan los primeros auxilios. Independientemente de la situación que estés afrontando en tu vida actual, puedes recuperarte y revitalizarte gracias a tus experiencias personales con los ángeles.

Los ángeles apoyan los cambios que se producen en todos los niveles de la vida. La intervención angélica activa el aprendizaje y la conciencia superior, y ambos son necesarios para revitalizar la vida en nuestro planeta en estos tiempos tan difíciles.

Has recibido una «Invitación Divina». Puedes entregarte gozosamente a las experiencias angélicas que tienen lugar en algunas áreas de tu vida, y en otras ocasiones puedes ser transportado en una camilla hacia los reinos celestiales de la sanación. ¡Esto demuestra que eres amado y cuidado!

¿De qué manera influye la intervención de los ángeles en esos resultados asombrosos?

Una visita guiada a la clínica de sanación del arcángel Rafael, el remedio principal, te arrastra hacia el reino celestial donde puedes encontrarte con tu equipo de ángeles. Aprenderás a activar tu divinidad, descubrirás de qué forma eres la bendición y te alinearás con tu Ser Maestro para acceder a la energía sanadora. Y aquí debemos detenernos a analizar la siguiente pregunta: «¿Qué otras cosas son posibles para mí en este momento?».

Puedes reconstituir tu salud y tu equilibrio, y atraer el amor y la abundancia a tu existencia a través de tu propia divinidad, identificando los problemas de la vida, o «síntomas», que requieren atención y realizando de forma sistemática las prácticas espirituales específicas reveladas en los «treinta remedios personales de sanación de los ángeles».

La sanación de los ángeles no trata de cómo aliviar los síntomas o encontrar soluciones prácticas, ni siquiera del pensamiento creativo. Como podrás experimentar en tu viaje a la clínica de sanación, la sanación de los ángeles es una experiencia personal de divinidad. Al experimentar la energía celestial, tu síntoma se alinea con la llamada de tu alma, tal como indica tu Ser Maestro.

El resultado de ese proceso es la salud óptima, la abundancia, la satisfacción y la realización personal, las relaciones caracterizadas por un amor divino y la paz eterna.

La sanación de los ángeles te ayuda a retornar al estado sagrado de unidad con tu Ser Maestro.

REMEDIOS DE SANACIÓN DE LOS ÁNGELES

Una tradición hebrea nos dice que Adán enfermó poco después de ser expulsado del Jardín del Edén. El ángel Raziel le dio un libro donde figuraban todas las hierbas medicinales cuyas propiedades podían curar cualquier enfermedad. ¿Comprendes ahora lo amados que somos? Incluso antes de que la enfermedad se manifestara, ya se había creado la cura.

Kimberly Marooney,
Angel Blessings: Cards of Sacred Guidance and Inspiration
[Bendiciones de los ángeles: cartas de guía e inspiración divinas]

Si supieras todo lo que los ángeles tienen para ofrecerte, ¡te sorprenderías! Todo lo que necesitamos está a nuestra disposición incluso antes de que reconozcamos esa necesidad. Vamos a examinar los remedios de sanación de los ángeles para que sepas cómo acceder a este tesoro de sabiduría.

Cada remedio de sanación de los ángeles cuenta un relato que puede tener relación contigo. Los ángeles enseñan una historia que aporta sabiduría, orientación y recursos. La receta de los ángeles describe las acciones que debes asumir para ampliar tu perspectiva en relación con un determinado síntoma o asunto. Cuando entras en un estado de conciencia superior, comienzas a vislumbrar nuevas posibilidades. Tienes la capacidad de ver tus síntomas como una oportunidad para dejar atrás viejas creencias y hábitos. Estás despertando la esencia de tu Ser Maestro.

Para utilizar los remedios de sanación de tus ángeles personales:

1. Identifica tu síntoma o la situación vital que requiere atención.
2. Encuentra el *remedio de sanación de los ángeles* que se adapte más a tus necesidades.
3. Mira la *receta de los ángeles*. ¡Lee el remedio de principio a fin y luego practica el ejercicio!
4. Conserva la energía de la *bendición de los ángeles* para completar la sanación.

Es así de simple.

Considera este libro como tu sesión personal con los ángeles. Debes leer el texto completo para experimentar el progreso de la sanación, o también puedes escoger el remedio que más necesites.

SÍNTOMAS

Los síntomas son desafíos de la vida real que nos orientan para poder alcanzar esas cualidades que deseamos adquirir para mejorar nuestro propio ser, así como también situaciones que necesitamos rebatir u otras de las que queremos liberarnos.

En medicina los síntomas se definen como una evidencia subjetiva de enfermedad o perturbación, como puede ser una jaqueca o la fiebre. En vez de enfocarse en un diagnóstico de la enfermedad, *La sanación de los ángeles* se centra en situaciones conflictivas o en todo lo que provoca inquietud. Los síntomas también pueden ser invitaciones para alcanzar un beneficio mayor.

Para nuestros propósitos, un síntoma es una indicación de que existe algo más:

- Los problemas de salud pueden ser un signo de que tenemos que liberarnos de una vieja creencia para abrazar una verdad más profunda.
- Un cambio no deseado en casa o en el trabajo señala una nueva oportunidad que está alineada más estrechamente con tu corazón y tu alma.
- Los problemas económicos pueden obligarte a transformar falsas creencias de escasez en abundancia.
- Tu corazón puede estar ansiando encontrar un alma gemela, cuando en realidad ese anhelo corresponde a un deseo más profundo de alcanzar el amor divino.
- O tu alma te insta a compartir tus dones y tu sabiduría de una forma mucho más magnánima.

Las circunstancias de tu vida, junto con el profundo anhelo de tu alma, revelan en qué ocasiones te entregas al Espíritu y en cuáles eres transportado hacia los reinos celestiales de la sanación en una camilla.

Los ángeles son la vía más rápida. Cuando los ángeles tocan tu vida, tú retornas a la totalidad. Una vez que has establecido la conexión, los ángeles van delante de ti *preparando el camino para una vida vibrante, creativa, amorosa, abundante y más plena y feliz.*

¿Y cómo se establece esa conexión?

La sanación significa estar completo. Considera la receta de los ángeles como los primeros auxilios que utilizan las interacciones, la sabiduría y las prácticas espirituales de los ángeles para restaurar tu integridad.

RECETAS DE LOS ÁNGELES

Una *receta* se define como la prescripción escrita por un médico en la que se autoriza al paciente a recibir un medicamento o un tratamiento. Las recetas de los ángeles se centran en realizar tratamientos espirituales para restaurar la integridad personal.

Como seres humanos, hemos sido entrenados para buscar síntomas. Somos muy conscientes de todas las fuerzas que entran en juego en nuestras vidas. ¿Y luego qué? A menudo nos quedamos estancados en ese punto, o carecemos de una estructura sistematizada para reaccionar ante estos problemas recurrentes o buscar una solución.

Llevo trabajando como ministra, consejera espiritual y experta en ángeles más de treinta años, a lo largo de los cuales he escuchado historias de miles de personas de todo el mundo. A partir de esas historias he recopilado nuestras situaciones más comunes. Y si digo «nuestras» es porque personalmente me he reconocido en cada una de las circunstancias que describiré a continuación. Han sido cuidadosamente seleccionadas como las mayores prioridades colectivas de nuestra vida. Se trata de los mismos desafíos y oportunidades que han modelado mis experiencias espirituales ¡y a mí misma! Mis desafíos más oscuros y persistentes se han convertido en mis mayores bendiciones, pues me han obligado a fortalecer las cualidades de mi alma necesarias para reaccionar de forma eficaz frente a los problemas y mejorar realmente mi vida.

A través de los remedios de sanación de tus ángeles personales, busca la historia que se ajuste mejor a tus necesidades. Como Kimberly, la mística conocedora de los ángeles, he compartido su sabiduría. Como la doctora Kimberly, soy el médico que escribe la receta de los ángeles. Y como la reverenda Kimberly, he agregado una bendición a cada una de las historias.

BENDICIONES DE LOS ÁNGELES

La bendición de los ángeles te orienta para que experimentes personalmente cuánto te cuidan los ángeles. Si lees la bendición de los ángeles con el corazón abierto, «sabrás» que están siempre presentes, ofreciendo oportunidades para la intervención divina.

Cada remedio de los ángeles es una llamada a la acción que te guía hacia las experiencias directas y personales que tienes con los ángeles y con tu Ser Maestro, experiencias que restauran la paz, revitalizan tu cuerpo devolviéndote la salud, corrigen los conflictos y los malentendidos en las relaciones, ofrecen material creativo, alivian las situaciones problemáticas y aportan soluciones que jamás se te hubieran ocurrido. Estos resultados son *la sanación de los ángeles*.

Sigue leyendo para tener tu primera experiencia personal en la clínica de sanación del arcángel Rafael.

Los remedios de sanación de tus ángeles personales

I

Clínica de sanación del arcángel Rafael

¡Solo te pido que me digas qué debo hacer!

¿En cuántas ocasiones has sentido algo semejante? Tienes un problema y lo único que deseas saber es cómo resolverlo o hacerlo desaparecer.

> Emprende este viaje con tus ángeles hacia
> la clínica de sanación del arcángel Rafael.

Durante este viaje conocerás a tus ángeles, aprenderás a activar tu divinidad, descubrirás de qué forma tú eres la bendición y te alinearás con tu Ser Maestro para impulsar tu energía sanadora. Lee lentamente, imaginando todo lo que se describe en el texto. Tómate tu tiempo para visualizar y sentir. Abre tu ser para recibir el flujo de la energía sanadora celestial. Saborea esta experiencia y vuelve a hacer el viaje con frecuencia.

LOS ÁNGELES ESTÁN CONTIGO

Los ángeles están aquí para ti, *siempre*. Nunca estás solo. Nunca eres olvidado ni abandonado. Tú eres amado y valorado profundamente.

¿Para qué necesitas ayuda? ¡La clínica de sanación está *abierta*!

Entra. Trae tus problemas, tus miedos, tus trastornos y tus enfermedades. Los ángeles de sanación te están esperando. ¿Para qué necesitas ayuda? Respira y dedica unos instantes a sentir tu cuerpo.

¿En qué parte de tu organismo sientes incomodidad, falta de alineación, inquietud o malestar? ¿Hay algún conflicto que te esté alterando emocionalmente? ¿Te sientes triste, dolido, deprimido o furioso? ¿Te torturan pensamientos recurrentes de autocrítica o culpa? ¿Existe alguna situación en tu vida que requiere tu atención?

Independientemente de cuál sea el problema, déjalo emerger para que pueda ser sanado. Concéntrate en el tema más importante y guárdalo con suavidad junto a tu corazón. Sencillamente, permítele estar presente. No hay nada que debas hacer ni saber, porque estás en los brazos de los ángeles.

Esta clínica de sanación se encuentra en el ámbito de los templos de sanación, de la misma forma que un centro de salud ambulatorio puede estar cerca de un hospital. Hay muchos templos de sanación. Cada uno de ellos es único por su propósito, tiene un personal competente y una belleza que quita el aliento y está muy bien equipado. Tus ángeles te transportan al templo que es más conveniente para tus necesidades.

VIAJE HACIA LA CLÍNICA DE SANACIÓN DEL ARCÁNGEL RAFAEL

¡En cuanto entras sientes una serenidad sorprendente! Es como una película de ciencia ficción en la que el protagonista atraviesa una puerta y se adentra en otro mundo. Lo que te sorprende de inmediato es lo que falta allí: ¡ruido! Hay un silencio reverencial. No solamente escuchas la música más suave que hayas podido imaginar; principalmente sientes su armónica vibración. Esa música emana de todo lo que te rodea y relaja de inmediato tu cuerpo, mente y alma. En sí misma tiene una riqueza y una profundidad sagradas que nunca has sentido al escuchar una música terrenal. Es como si todo tu ser estuviera cantando esta antigua canción de amor. De repente te sientes en paz. Te sientes seguro.

Mientras te relajas y disfrutas de la serenidad, comienzas a mirar a tu alrededor. La zona destinada a la recepción es de una belleza impresionante. No hay un escritorio para registrar las entradas, no hay que rellenar ningún formulario, no hay señales, no hay desinfectante para manos, no hay mascarillas faciales ni guantes, no hay sillas de ruedas, ¡ni ninguna otra silla porque no hay que esperar!

Toda la sala está viva y llena de energía y amor. Las paredes emiten un brillo suave que ilumina la estancia. El suelo es cálido y radiante. Te sientes bienvenido, como si llegaras a un lugar sagrado que has anhelado durante toda la eternidad desde lo más profundo de tu ser.

EL ÁNGEL DEL CONSUELO

Te están esperando. Un ángel del consuelo sale a tu encuentro y te abraza con amor. Acaricia tu espalda, e instantáneamente la ansiedad, las preocupaciones o el miedo se disipan. Allí solo hay paz, bienestar y amor. Te relajas como un niño en los brazos de la Madre Sagrada. Tu corazón conoce este espacio de amor profundo. Tu alma recuerda cómo sumergirse en la paz eterna. De inmediato, todo está bien y tú eres transportado hacia el interior de tu ser, en dirección a la verdad superior. Todo *está* bien.

LA SALA DE SANACIÓN

El ángel del consuelo te escolta hasta la sala de sanación que ha sido preparada meticulosamente para ti. Es tan hermosa que, a medida que te liberas de la carga que has estado llevando a cuestas, asoman a tus ojos lágrimas de gratitud. Acaso ni siquiera te habías enterado de que estabas transportando esa carga hasta que consigues deshacerte de ella. Esta sala contiene todo lo que necesitas, y puedes tomar lo que quieras. En ella no falta nada. Se parece más a una cámara del tesoro, combinada con un salón de un museo, que a una sala de tratamiento.

Tu ángel te indica que te tumbes. La cama es tan cómoda que te hundes en ella. Sientes como si estuvieras flotando en un universo de amor puro y paz. Mientras te aventuras más allá de los confines de tu cuerpo humano en un estado de expansión de la conciencia, todas tus preocupaciones y tus problemas se desvanecen. Y tú te disuelves en esta experiencia de amor incondicional y paz eterna. No existe nada más.

Uno tras otro, entran en la sala seres radiantes y amorosos. Te rodean suavemente para colocar sus manos sobre las zonas de tu cuerpo que están desequilibradas o enfermas.

LOS SERES DE LUZ TRANSMITEN ENERGÍA SANADORA

Sientes que a través de sus manos los seres de luz te transmiten una energía vibrante que palpita salud, equilibrio y vida. Es una energía que rezuma tranquilidad, amor y alegría, paz, placer, dulzura, fuerza, coraje, éxtasis, beatitud, empoderamiento y posibilidades. Recibe profundamente esta bendición que procede directamente de la Fuente.

Sabes intuitivamente que te están alineando energéticamente con la plenitud y la verdad de tu Ser Maestro. En realidad, eres igual de radiante, poderoso, amoroso, compasivo y sabio que los seres que te rodean.

Tú estás en tu propio Hogar. Los seres de luz simplemente te ayudan a recordar quién eres. En esta experiencia de unidad y conexión, todo lo que se diferencia de esta belleza, de esta paz, de esta verdad es instantáneamente transfigurado en más amor. Una energía presente en tu vida que es contraria a esta experiencia de beatitud se está reconfigurando. Es reestructurada con la sustancia que necesitas para responder a la llamada de tu alma. Esta sustancia divina forma parte ahora de tu cámara del tesoro, y puedes utilizarla cuando quieras porque es una bendición.

Tu conciencia se restaura a medida que vives tu experiencia de unidad con tu Ser Maestro. Tu cuerpo se revitaliza mientras te liberas de la falta de equilibrio, de las ideas falsas y de la enfermedad. Tus emociones se renuevan hasta alcanzar el abanico completo de su expresión, y son correctamente percibidas. Tu vida es remodelada para responder a la llamada de tu alma con todas las cosas que verdaderamente necesitas. Tú estás lleno de gratitud por esta experiencia que has vivido con tu Ser Maestro y tu propio Hogar.

Todo *está* bien. Invita a la energía del amor y la paz a llenar cada célula y átomo de tu cuerpo. Imagina que tu ADN está siendo reestructurado para alcanzar su patrón de perfección, para eliminar de inmediato todos los problemas físicos y restaurar la unidad, la funcionalidad y la belleza en tu precioso templo corporal.

Todo está bien. Disfruta de la presencia del amor divino y la paz eterna.

ILUMINAR TU RETORNO

Tu ángel personal de la sanación sigue estando aquí, iluminando el camino de retorno. Esta es tu cuerda salvavidas para retornar a este espacio rápida y fácilmente.

Tú no quieres abandonar este sentimiento o conexión con los seres de luz que te acunan con amor. No deseas abandonar esta sensación de estar en tu propio Hogar. No hay prisa, no hay límite de tiempo. ¡No hay tiempo! Puedes permanecer aquí todo lo que quieras. ¿Y cómo puedes marcharte del reino celestial del amor divino y la paz eterna para regresar a tu vida? Relájate. Serénate. Reconoce que siempre serás amado, apoyado y cuidado.

ACTIVA TU DIVINIDAD

Te han recordado cuál es tu Ser Maestro y tu verdadero Hogar. Esta activación de tu divinidad tiene el objetivo de inspirarte para que hagas todo lo que sea necesario en tu vida humana para retornar a este lugar con frecuencia con el propósito de renovarte y recibir orientación. Estás invitado a venir aquí cada día.

Tras haberte sumergido completamente en esta energía, sientes que te ofrecen un plan. Lo sientes intuitivamente desde el corazón. Esta es una receta de lo que tienes que hacer en tu vida terrenal para sanarte, resolver problemas, mejorar tus opciones y alinear tu Ser Maestro con tu vida para poder habitar siempre en el amor divino y la paz eterna, independientemente de en qué punto te encuentres de la creación esencial.

Eres invitado a caminar entre los seres de luz. Te solicitan que compartas tus dones y tu saber para servir a los otros de la misma forma en que tú has sido amado y cuidado en este espacio. Te están enseñando a vivir en este mundo y alcanzar un estado de unidad con tu Ser Maestro.

TÚ ERES LA BENDICIÓN

Todo está bien. Eres amado. Eres el tesoro y la bendición. Sabiendo que tus ángeles *siempre* están aquí, te sientes fortalecido y preparado para retornar a tu vida de ángel en la Tierra.

Cuando quieras regresar a la clínica de sanación, cierra tus ojos y respira. Colócate una de las manos sobre el pecho y dirige tu respiración hacia el amor que alberga tu corazón para ser transportado instantáneamente hasta allí por tu Ser Maestro. Vuelve una y otra vez a esta experiencia de comunión, de santidad y de unidad. Retorna a menudo a este lugar de alegría y dulzura, fuerza y poder. Respira y siente que estás lleno de esta energía. Saboréala. Conviértete en ella; ella eres tú.

Vuelve atrás muy lentamente y permanece en la sala de sanación mientras tomas conciencia de nuevo de todo lo que te rodea. Visualiza tu sala de sanación superpuesta a la sala en la que te encuentras físicamente. Imagina los seres de luz, los recursos, la energía amorosa y la sabiduría que existen simultáneamente en tu sala física, para poder acceder al apoyo y a la esencia que has recibido de los ángeles. Fusiona tu experiencia divina con tu realidad física.

Imagina que ya posees todo aquello que necesitas en la vida: salud perfecta, alineación y bienestar. Relaciones en las que impera el cariño, el apoyo y la serenidad. Abundancia y alegría, realización y satisfacción. Amor íntimo y profundo. Expresión creativa. Todo lo que necesitas está aquí y ahora. Estás completamente protegido en la vida.

Abre lentamente los ojos y permanece en este lugar. Concédete permiso para vivir la experiencia de estar en ambos lugares al mismo tiempo, en tu sala sagrada de sanación y simultáneamente presente en tu propia vida. Ambas coexisten. En cualquier momento puedes elegir en cuál de ellas quieres estar. Puedes respirar y desplazarte a tu sala de sanación, donde hay todo lo que necesitas. ¡Tu sala de sanación está en tu propio hogar! Imagina que puedes acceder a todas las herramientas de sanación desde la habitación donde te encuentras

en este momento. Siente la energía de toda la esencia que los ángeles te han proporcionado en este preciso instante, en tu sala física. ¡Invócala para que se manifieste en tu vida!

Reclámala, ahora mismo.

ALINÉATE CON TU SER MAESTRO

En este reino superior de conciencia no necesitas sanar nada. No hay nada erróneo. Esta es la característica más extraordinaria de la clínica de sanación del arcángel Rafael. Tu cuerpo goza de una salud vibrante. Todo lo que necesitas hacer es alinearte con la Unidad. Invoca la perfección para tu cuerpo físico, y luego atráela a tu vida. A través de la alineación con tu patrón óptimo puedes experimentar instantáneamente milagros de transfiguración y sanación. Lo único que debes hacer es permitirte permanecer en presencia de la unidad, la plenitud, la abundancia y el amor. ¡Esta es la *sanación de los ángeles*!

Todo aquello con lo que has llegado a la sala ha sido transformado. Ha sido transfigurado en unidad, alegría, amor y conexión. Te han proporcionado todo lo que necesitas ahora mismo en tu vida. Te sientes completamente satisfecho. Deja que todo esto exista en tu imaginación, en tu corazón, en tu saber y, fundamentalmente, en tu campo energético.

ACTIVA TU CAMPO ENERGÉTICO

Estás experimentando la *sanación de los ángeles*. Tu campo energético está siendo activado en este mismo momento para convertirlo en una fuerza radiante y magnética que atrae a tu vida la manifestación de la alegría divina, la salud, la abundancia, el amor y la comodidad, el apoyo y todo lo que necesitas. Deja que todo esto permanezca en tu campo energético, pleno y completo, que ya se ha manifestado. No hay nada más que hacer.

Toma conciencia de que tu campo energético y tu campo magnético se expanden para llenar la habitación en la que te encuentras, y esta simultáneamente se conecta con tu sala de sanación, porque ambas coexisten. Puedes acceder a las dos al mismo tiempo. Traslada esta presencia a toda tu vida, para llenar tu hogar, tu vecindario, tu lugar de trabajo, tu ciudad, tu provincia, tu comunidad, tu hemisferio ¡y todo el planeta! Para que llegue hasta la Vía Láctea, más allá del universo, hasta alcanzar la fuente del amor divino. Para que se expanda ilimitadamente y encuentre la gloria en la eternidad. *¡Tú!* Tu ser radiante. Tu Ser Maestro pleno y completo, sostenido por el poder del amor y la presencia de la eternidad.

Mientras emprendes el camino de retorno imagina a tu magnífico ser volviendo de los cielos de nuestro universo y dirigiéndose a la Vía Láctea y a la espiral donde se encuentra nuestro diminuto sistema solar, a nuestro bello planeta azul, a tu habitación, a tu cuerpo y a tu vida.

Nada volverá a ser igual. Debes saber que tu vida ha cambiado definitivamente gracias a esta experiencia. Cierra los ojos y respira para volver a tu cuerpo y a la vida real.

Debes saber que puedes volver a vivir esta experiencia de unidad en cualquier momento. Practícala ahora. Inhala y dirige tu respiración a tu Ser Maestro mientras estás rodeado por esos maravillosos seres de luz que te aman, te cuidan y te nutren en todos los sentidos. Exhala y dirige tu respiración hacia tu cuerpo físico. Tú eres el Ser Maestro y al mismo tiempo un ángel en la Tierra.

Tú eres el precioso tesoro.

Tú eres la bendición.

Experimenta esta meditación acompañado por Kimberly en www.AngelHealingFirstAid.com.

2

Recibe la intervención divina

Ángeles, solicito vuestra ayuda. Hay fuerzas que están actuando en mi vida y no puedo identificarlas. Si fuera capaz de reconocerlas serían bendiciones a mi alcance. Infundidme vuestro amor para elevar mi conciencia de modo que pueda conocer la verdadera naturaleza de estos acontecimientos y recibir las bendiciones.

Reconocer a tus ángeles y la forma en que ellos te guían es una de las mayores bendiciones. *Los ángeles poseen un tesoro oculto de amor, sanación, guía y recursos que quieren verter en tu corazón.* En cuanto tomas conciencia de su presencia comienzan a suceder cosas sorprendentes. Una bendición es una «inyección de santidad». Cuando eres tocado por el amor, la paz o la alegría, eres bendecido e impregnado de santidad.

Buscar la intervención divina es la clave para la *iniciación de la Primera Puerta.* De acuerdo con Judith Larkin Reno, mi mentora y amiga de toda la vida, una *puerta* es un nivel de conciencia que nos ofrece acceso a la energía superior para que podamos recibir la intervención divina. Tu alma te insta a vivir experiencias unitivas con el Espíritu, y los ángeles de la inspiración son tus guías. Fortunata te enseña el camino hacia la prosperidad. Jofiel te revela tu belleza interior. Israfel introduce canciones en tu mente que son mensajes de consuelo. Amarushaya te ayuda a reconocer las bendiciones. Cada una de las experiencias que tienes con los ángeles te acerca un poco más a las soluciones para los problemas de tu vida.

Podemos ser bendecidos de muchas maneras diferentes. Nuestros ángeles se comunican con nosotros a través de signos y símbolos. Muchas personas me dicen que hablan con sus ángeles pero no reciben ninguna respuesta. Los ángeles nos responden en todo momento. ¿Estás preparado para aprender el código secreto que te permitirá reconocer fácilmente sus bendiciones?

ÁNGELES DE LA INSPIRACIÓN

Ver una pluma mientras los ángeles te bendicen es un signo de gracia. Reconocer su presencia te permite conectar energéticamente con ellos. El ángel Amarushaya afirmó: «Mi don consiste en reconocer las diversas formas de *bendiciones* que se manifiestan en la propia vida». Cuando te toca, te despierta suavemente para que descubras las bendiciones ocultas. A menudo, estas lecciones se manifiestan en forma de intercambios desagradables con familiares y amigos. Su bendición es portadora del poder de sanar e iluminar. ¿Acaso los céntimos surgen de la nada? Los céntimos confirman que eres guiado y recibes apoyo. Los ángeles viven en un estado natural de abundancia, igual que tu Ser Maestro. En los reinos celestiales no existe la escasez. Cuando te encuentras un céntimo, Fortunata, el ángel de la prosperidad, te está diciendo: «¡Eh! ¡Tienes dones que otros necesitan! ¡Compártelos de la misma forma!».

¿Sabías que los ángeles se comunican por medio de canciones? La música pertenece a lo celestial. Los ángeles cantan alabanzas. El amor y la alegría vibran con la música de las esferas. Por esta razón la música es un medio natural para las comunicaciones entre los ángeles. El ángel Israfel la utiliza para conmover tu corazón con mensajes de amor, consuelo y comprensión.

¿Sientes olor a rosas y no hay ninguna cerca de ti? Los ángeles viven en un estado de belleza que es visceral. Su presencia es tan exquisita que rebosa fragancias, sonidos y vibraciones que expresan su estado de bienestar. Sentir aromas que no tienen una fuente visible es un signo de que los ángeles están contigo. El ángel Jofiel te anima a percibir tu belleza interior y la vitalidad de tu Ser Maestro.

En cuanto has establecido la conexión con los ángeles, ellos te preceden preparando el camino para una vida alegre y plena, abundante y creativa, y muy satisfactoria.

¿Quieres saber algo más sobre la forma en que los ángeles se comunican? Puedes descargar libremente la información en www. RecognizeYourAngels.com.

RECETA DE LOS ÁNGELES: VIVE DE UN MODO VIBRANTE Y PODEROSO

Presta atención para reconocer las experiencias de sincronicidad y conocimiento intuitivo a través de las siguientes acciones:

- **Identifica** tu necesidad o tu deseo de intervención divina y escribe sobre ello en tu diario. Acude a la clínica de sanación del arcángel Rafael para unificarte y obtener recursos.
- **Busca la sincronicidad**. Mientras vives tu vida, busca nuevas conexiones y oportunidades. Entra en acción.
- **¡Comparte tus dones!** ¿Qué dones has estado reteniendo? La necesidad de obtener dinero significa que hay un don en tu

interior que anhela ser expresado. La necesidad de dinero es un catalizador para tu capacidad de compartir tus dones.

- **Practica ejercicio** todos los días. Sal a dar un paseo por la naturaleza. Muévete. ¡Baila! Haz que tu energía fluya para estar dispuesto a recibir.
- **Celebra la belleza**. Vístete y siéntete guapo. Busca la belleza a tu alrededor y absorbe su energía.
- **Presta atención** a lo que pasa en tu interior para encontrar los mensajes de tus ángeles y escríbelos en tu diario. Esto incluye las visiones, el conocimiento intuitivo o la guía.
- **¡Entra en acción de una manera inspirada!** Déjate llevar por tu conocimiento intuitivo ¡y simplemente actúa!

BENDICIÓN DE LOS ÁNGELES: SIMPLEMENTE SER, DESDE UN LUGAR DE PLENITUD

Simplemente ser.
Sin esfuerzo, sin pretensiones.
Simplemente ser, desde un lugar de plenitud.
Deja que todo esto fluya sobre cada cosa que haces.
Comienza por la plenitud.
Una falsa ilusión te hará creer que tú no estás lleno de la esencia de la que estás hecho.
Esto es una mentira.
Tú estás lleno del Espíritu de Dios.
Estás conectado con tu Espíritu Eterno.
Eres un recipiente de amor incondicional.
Eres un mensajero de Dios.
Eres un espíritu hermoso de transformación sanadora.
Eres un regalo para este mundo.
Tú eres el Bienamado, el Bendecido.
Siente esta verdad hoy ¡y pasa a la acción!

3
¿CÓMO PUEDO DESARROLLAR MI CONEXIÓN CON LOS ÁNGELES?

¡Ángeles, ayudadme a experimentar la Unidad con vosotros! Ayudadme a sentir vuestra presencia y a reconocer vuestra asistencia.

Tus ángeles dicen: «Estamos aquí». *Estás despertando para aceptar que eres un ángel en la Tierra y que tienes un equipo de ángeles personales que siempre te acompañan.* El profundo deseo de ser amado, respaldado y cuidado, es la clave para la *iniciación de la Segunda Puerta*. Estás pasando del Cuarto Reino del Conocimiento Intuitivo al Quinto Reino de la Guía del Alma, donde residen tus ángeles. Tal como escribí en *Angel Love Cards* [Cartas de amor de los ángeles]: «Sentirse desconectado significa que no eres consciente de la conexión que tienes con tu alma y con la fuente. El ángel de la conexión está preparado para ayudarte a alcanzar una mayor conciencia».

ÁNGELES DE LA CONEXIÓN

El ángel de la conexión te enseña cómo acceder a la estrella de tu alma, la puerta que comunica con los ángeles y que es el punto de acceso más cercano a los reinos celestiales. Ella brilla etéricamente en tu aura, a apenas escasos centímetros de tu cabeza. Elevar tu energía corporal hacia la estrella de tu alma te abre la puerta para vivir experiencias unitivas con los ángeles.

En el momento divino de la activación de la estrella de tu alma, tu ángel guardián convoca a tu equipo de ángeles para que te guíen durante tu despertar. El arcángel Gabriel dirige la luz trascendental pura para que descienda desde los cielos, fluya a través de tu alma y de la estrella de tu alma, y llegue a tu cuerpo y a tu vida. Ahora tu camino está iluminado. Una estrella del alma activada te proporciona recursos para beneficiarte del amor, la alegría, la guía y la sanación, que están a tu disposición. Es como si pudieras ver el cerrojo de la puerta. ¿Y cuál es la llave? El amor.

A medida que tu chakra del corazón se expande y el amor que llevas dentro de ti se convierte en una fuerza palpable en tu cuerpo y en tu vida, consigues la fuerza interior necesaria para la próxima escalada de la luz. La estrella del alma se expande para mostrar el cerrojo; el amor de tu corazón se transforma en la llave que abre la puerta hacia tu alma.

¡Los ángeles están aquí!

Tienes garantizado el acceso a los reinos celestiales de la existencia. El alma es tu primera remembranza de un reino donde solo hay amor. Aquí no existen el miedo ni el dolor, la ira ni la traición, no hay anhelos ni necesidades. El alma es la cámara del tesoro que guarda toda la bondad y la provisión.

Todo lo que necesitas está aquí, esperando a que accedas a ello y lo recuperes para utilizarlo en tu vida y satisfacer así la llamada de tu alma.

RECETA DE LOS ÁNGELES: EL ARCÁNGEL GABRIEL ACTIVA LA ESTRELLA DE TU ALMA

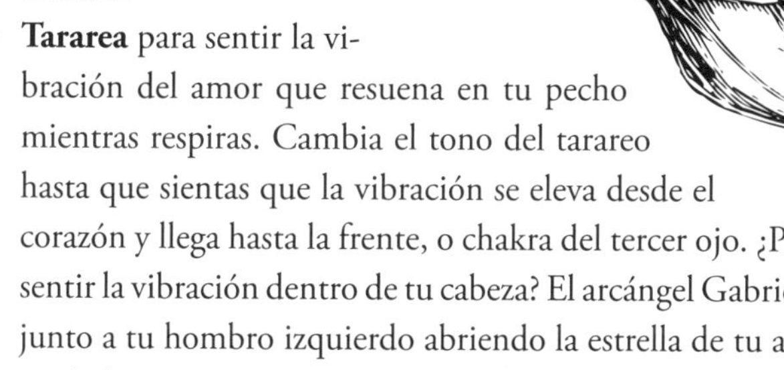

- **Respira.** Coloca una de tus manos sobre tu corazón y dirige tu respiración al amor que hay en él.

  Tu ángel guardián está junto a tu hombro derecho, elevándote hacia la presencia del amor divino. ¿Puedes sentirlo?

- **Tararea** para sentir la vibración del amor que resuena en tu pecho mientras respiras. Cambia el tono del tarareo hasta que sientas que la vibración se eleva desde el corazón y llega hasta la frente, o chakra del tercer ojo. ¿Puedes sentir la vibración dentro de tu cabeza? El arcángel Gabriel está junto a tu hombro izquierdo abriendo la estrella de tu alma y tu chakra corona.

- **¡Mira hacia arriba!** Mientras tu tercer ojo está vibrando, recurre a tu visión interior para elevar tu mirada en busca de los centelleos de luz de la estrella de tu alma, que brilla encima de tu cabeza. Concéntrate en esa luz diminuta y envía tu respiración hacia ella. Imagina que resplandece y se expande para sostener la belleza radiante de tu alma.

- **Acoge a la estrella de tu alma.** El arcángel Gabriel activa la estrella de tu alma para que se convierta en un faro luminoso y te guíe, para que se transforme en recursos y energía que empoderen la llamada de tu alma.

- **Recibe.** Coloca una de tus manos en la parte superior de tu cabeza. Respira. ¿Puedes sentir cómo se abre tu chakra corona para conectarse con la estrella de tu alma? Una luz pura y trascendental fluye descendiendo de los cielos a través de la estrella del alma en dirección a tu cuerpo físico y al mundo. A medida que la sabiduría y los recursos penetran en tu sistema nervioso y tu cerebro, tus estructuras celulares y tu ADN son «alterados y enaltecidos».* Tu cuerpo es tu altar viviente, la expresión de tu devoción, tu amor y tu servicio en este mundo.

- **Confía** mientras se produce esta transfiguración en las células de tu cuerpo.
- **Pide** todo lo que necesitas y deseas. Solicita que se fortalezcan las cualidades de tu alma y que te entreguen la visión de tus próximos pasos.

¿Quieres saber algo más? Visita www.ArchangelGabrielSoulStar.info.

---

* N. de la T.: Juego de palabras de la autora, que crea el neologismo *altared* ('enaltecido'; 'colocado en un altar') a partir de la palabra *altered* ('alterado') para indicar a la vez una alteración y un enaltecimiento.

BENDICIÓN DE LOS ÁNGELES: LA PUERTA DE LA ESTRELLA DE TU ALMA ESTÁ ABIERTA

El arcángel Gabriel quiere que sepas que:

Todo lo que necesitas para la llamada de tu alma está aquí y ahora. Busca en tu interior el lugar que reside en esta verdad. Debes saber que tú eres la Presencia y el Poder de la Divinidad que actúa en este mundo. Eres las manos y el corazón de Dios que sanan y aman. Eres la voz del Espíritu que trae mensajes de verdad e inspiración desde los cielos. Eres los ojos de Dios que ven amor en todas las personas ¡Estás empoderado para manifestar la llamada de tu alma ahora mismo!

La Luz Divina brilla intensamente sobre ti e ilumina tu verdadero Ser. Despierta el éxtasis del Amor Divino en las células de tu cuerpo. Llena la vasija de tu cuerpo con energía, ideas, visión y coraje para dar el salto de fe mientras actúas de acuerdo con la clara orientación que recibes.

El universo está conspirando para respaldarte con todo lo que necesites, y en el momento que lo necesites.

La puerta de la Estrella de tu Alma está abierta. La activación se ha completado. Puedes pasar a través de ella.

¡Estamos aquí para ti!

4

¡Ayudadme a cambiar!

*Estoy atravesando un proceso de transformación y crecimien-
to. Me encuentro en una posición difícil desde donde veo las
áreas de mi vida que no funcionan.¿Cómo podría aclararme
y tomar las mejores decisiones?*

Acaso te consuele saber que este es un momento clave y mágico en tu vida. Debes dar la máxima prioridad a entrar en tu Ser Maestro. *Los ángeles del cambio están activando tu divinidad.* Paschar está abriendo tu visión interior. Los ángeles de la trascendencia te ayudan a elevarte por encima del dolor de la pérdida. Los ángeles de la acción apoyan un cambio inspirado.

Te encuentras en la *iniciación de la Tercera Puerta,* que ha sido descrita por Judith Larkin Reno, trascendiendo las limitaciones del alma en el Quinto Reino para experimentar el Sexto Reino de la Conexión Divina. Tu Ser Maestro se está encarnando en tu vida para guiar tu personalidad. En cuanto te das cuenta de que un área de tu vida necesita un cambio, tu Ser Maestro te señala que estás preparado para soltar lo que ya no necesitas y reclamar una mayor conciencia. Tus ángeles apoyan el modelo divino para la vida que aspiras tener.

ÁNGELES DEL CAMBIO

¿Acaso el miedo está deteniéndote? El ángel del cambio te toma del brazo y te conduce hacia delante mientras te dice: «No mires atrás. No te fijes en lo que estás perdiendo o dejando ir. Concéntrate en la dirección que estás siguiendo y en lo que estás ganando».

¿Qué has hecho para transmitirte tú mismo el mensaje de que estás dejando atrás el pasado porque estás cambiando? Mi amiga Ani Patik hablaba de pasar del deseo de tomar una decisión a la manifestación. Primero tienes el deseo. En determinado momento tomas decisiones para apoyar ese deseo. Y una vez que has tomado una decisión importante que te permitirá cambiar y manifestar ese deseo, debes manifestarlo de inmediato ante ti mismo y ante el mundo.

¿Hacia dónde vas? El ángel Paschar abre tus sentidos internos para que accedas a la visión divina. En su libro *Antes de tomar una decisión en su vida hágase estas preguntas*, Debbie Ford afirmó: «Una elección consciente refleja nuestros compromisos superiores, y está directamente alineada con la visión de nuestra vida». Cuando hacemos elecciones conscientes, tomamos en consideración el efecto que nuestras acciones tendrán en el conjunto de nuestra vida; nos tomamos el tiempo para reflexionar a dónde nos conducirán nuestras decisiones y el impacto que tendrán en nuestro futuro.

El ángel de la trascendencia te ayuda a elevarte por encima de las pérdidas dolorosas, utilizando el dolor como un catalizador para acceder a una verdad superior y al amor. Cambia tu foco de atención de la desolación a la gratitud. ¿Qué regalos estás recibiendo de esta experiencia?

El ángel de la acción te guía para que realices acciones específicas para apoyar el cambio, basadas en la conciencia y en la comprensión de lo que recibes durante la contemplación, la oración y la meditación. Pasa de la decisión a la manifestación mediante una inspiración que te haga pasar a la acción.

RECETA DE LOS ÁNGELES: LA MEDITACIÓN DE CUATRO PASOS

- **Paso 1: amplía tu conciencia**. Respira suave y profundamente varias veces. Relájate. Mientras respiras, observa cómo te sientes. Conéctate con tus sensaciones corporales. ¿Qué emociones se manifiestan? ¿En qué estás pensando? Concéntrate en estar presente. No censures ni juzgues; por el contrario, observa tus pensamientos y sentimientos con aceptación. ¿Qué es lo que necesitas y deseas? ¿Qué es lo que te está bloqueando y te impide conseguirlo? ¿Cómo se conecta esto con el cambio que está teniendo lugar en tu vida? Escribe en tu diario tu experiencia y tus observaciones.

- **Paso 2: aprecia el cambio**. ¿Estás preparado y dispuesto a producir un cambio? ¿Te sientes capaz de hacerlo? Invita a los ángeles a que te escolten en tu camino hacia los reinos celestiales donde tu Ser Maestro y la visión de tu alma aguardan tu exploración.

- **Paso 3: sé receptivo**. ¿Qué es lo que sientes y percibes? ¿Qué está diciéndote tu cuerpo? ¿Estás recibiendo ayuda y guía a través de los mensajes de los ángeles o gracias al conocimiento intuitivo? ¿Tienes una visión de lo que es posible? Escribe en tu diario tu experiencia y tus descubrimientos.

- **Paso 4: entra en acción**. A medida que llegan las respuestas, pasa a la acción. Puedes recibir el mensaje de avanzar paso a paso. Hazlo. Ocúpate de un paso y luego del siguiente. Cada acción abre el camino para alcanzar una mayor claridad e inspiración.

¿Te gustaría conocer más información que aclare este tema? Visita www.ClearingBlocksTo-Receiving.info.

BENDICIÓN DE LOS ÁNGELES:
INICIACIÓN DE LA TERCERA PUERTA

Confía.

Estamos aquí, guiando todos tus pensamientos y acciones.

A través de los ojos de tu Ser Maestro todo sigue un orden divino.

Confía. Respira. Relájate.

La Iniciación de la Tercera Puerta desafía el tejido de tu ser para que te deshagas de las limitaciones.

Tú eres mucho más maravilloso de lo que puedes imaginar.

Tu capacidad para recibir y compartir amor incondicional resuelve todos los desafíos.

Tu acceso a la sabiduría divina es una estrella que sirve de guía a la humanidad.

Con cada respiración ábrete al flujo de la energía superior.

Reconoce la presencia de tu alma y de tus ángeles.

Estamos aquí para guiarte en todo momento.

Tú ERES la Bendición.

5

¡Mi vida se está desintegrando!

¡Me siento como si lo hubiera perdido todo! Mi trabajo, mi hogar, mi familia, mi salud, mi seguridad económica... Ayudadme a liberarme del pasado para volver a construir una nueva vida de abundancia amorosa.

Todo el mundo atraviesa noches oscuras del alma. Desde la perspectiva de los ángeles, las situaciones conflictivas que se presentan en la vida y nos provocan un dolor profundo son épocas preciosas que desbaratan la ilusión que cubre tu alma. En esos momentos las áreas de tu vida que no están alineadas con la llamada de tu alma quedan expuestas, y esto produce un gran dolor. Entonces la vida que conocías se desmorona.

Esos desafíos te instan a tomar decisiones importantes para tu vida. Las decisiones que se basan en el miedo pueden ser desastrosas, como saltar de la sartén al fuego. Sin embargo, a medida que reestructuras tu vida *puedes tomar decisiones que te conducen a una paz más profunda, a relaciones más satisfactorias y a una mayor alineación con la llamada de tu alma.*

Te encuentras en un estado de disolución, es la *iniciación de la Cuarta Puerta.* Estás siendo testigo de la naturaleza transitoria e insustancial de la realidad. ¡Buenas noticias! Tu identidad se expande para acceder al poder infinito, la inteligencia, la sanación, los recursos y la provisión divina.

¡Alberga esperanza! El ángel Fanuel nunca se aparta de tu lado mientras tu sufrimiento más profundo se manifiesta y revela. Y al mismo tiempo Fanuel te ofrece oportunidades para desarrollar nuevas relaciones con los ángeles y con tu alma, relaciones que son más profundas y más reales que las que siempre has tenido.

En *A-HA! A unique self-help guide to Archangel-Healing Activation Sessions* [¡Ajá! Una guía de autoayuda única para las sesiones de activación de la sanación de los arcángeles], el arcángel Uriel afirmó: «Soy yo el que responde cuando tú solicitas nuestra ayuda, aunque estoy acompañado por mis legiones de ángeles. Todos te observamos y cuidamos, esperando pacientemente esos momentos de

desesperación en los que decides comunicarte con nosotros. Esto es lo que sucede en el inicio de nuestra relación. A medida que despiertas para sentir la llamada de tu alma y ponerla al servicio de Dios, soy yo el que responde y te guía para que te transformes en un ángel disponible. Un ángel terrenal. Tú eres literalmente un ángel. Existe un plan divino que está operando en tu vida. Yo trabajo en estrecha colaboración con tu alma, tu ángel guardián y tu equipo de ángeles. Te estamos ayudando para que despiertes y descubras quién eres de verdad. ¡Tú eres un magnífico y glorioso ser de luz!».

Deja que la urgencia del dolor o de la pena te conduzca hacia lo más profundo de tu ser para encontrar una nueva conexión con lo Divino.

El ángel Stamera te consuela mientras tú *perdonas* el pasado. Libérate de todo lo que ha sucedido. Hamied, el ángel de los milagros, te revela una nueva vida a través de la sincronicidad.

El camino se allana cuando tú emerges del otro lado sintiendo una profunda conexión. El amor divino brilla a través de tus ojos. La compasión se forja en los fuegos del sufrimiento. El amor florece en el desierto de la desesperación. El empoderamiento nace de la cólera que produce la injusticia. Nuevas esperanzas llenan tu alma y guían las decisiones que tomas para tu vida.

En esas noches oscuras estás madurando espiritualmente. El ángel Paschar te guía hacia la conciencia de tu alma y la inteligencia divina mientras tú visualizas tu nueva y abundante vida que está alineada con tu corazón y con la llamada de tu alma.

RECETA DE LOS ÁNGELES: TOMA TUS PROPIAS DECISIONES PARA TU NUEVA VIDA

Tienes permiso para ser el centro de tu nueva vida.

- **Aclara tu situación.** ¿Cuál es la verdad? ¿Cuál es la historia? Apunta en tu diario tus observaciones cada día. Escribe sobre los cambios que se producen y las opciones que tienes. Analiza tus sentimientos y tus deseos más profundos. Desentraña los componentes del problema al que te enfrentas, para poder ver con claridad la situación, tus emociones, tus pensamientos, tus oportunidades y las influencias externas.

- **Visualiza una vida con un propósito amoroso.** ¿Qué es lo que deseas? ¡Concéntrate en la perspectiva general! Aquí la practicidad no tiene ninguna importancia. Si tuvieras apoyo y recursos abundantes a tu disposición, ¿cómo organizarías tu nueva vida? ¿A quién incluirías en ella? ¿Qué es lo que harías? Viaja hasta la clínica de sanación del arcángel Rafael para recibir la guía de tu Ser Maestro.

- **Alinea todas tus decisiones.** ¡Las pequeñas decisiones son importantes! Cada día revisa tu visión de las cosas. Toma decisiones sobre esas pequeñas cosas que te acercan más a esa visión. Y también sobre las cosas importantes. Sigue escribiendo en tu diario todas tus experiencias cada día y también apunta de qué forma tus decisiones te están proporcionando mayor abundancia, felicidad, paz y satisfacción.

- **Medita sobre tus puntos fuertes.** ¿Cuáles son? Recuerda una época en la que te sentías fuerte (un recuerdo corporal) y realizaste una actividad física que fue toda una victoria. Siente la fuerza de tu cuerpo. Deja que el recuerdo de esa fortaleza te haga avanzar a lo largo del día mientras promueves cambios y tomas decisiones.

Recuerda, ¡tú eres un magnífico y glorioso ser de luz!

BENDICIÓN DE LOS ÁNGELES: PLEGARIA PARA ACEPTAR LA AYUDA ANGELICAL

Mis bienamados ángeles,

os ruego me ayudéis a dejar de resistirme a recibir vuestra ayuda.

Ayudadme a confiar plenamente en vosotros.

¿Qué pasaría si me dejara conducir por vosotros sin necesidad de preguntarme primero por qué o hacia dónde?

¡Me encuentro bloqueado por el deseo de saber!

Y eso solo se debe a que estoy asustado.

¡Qué alivio sentiría si no tuviera que saberlo todo!

¡Esa libertad de no calcular nada!

Ayudadme a simplemente recibir vuestras sugerencias con gratitud y pasar a la acción teniéndolas en cuenta.

Kimberly Marooney,
Your Guardian Angel in a Box
[Tu ángel guardián en una caja]

6

AYUDADME A SOLUCIONAR MIS PROBLEMAS DE SALUD

Tengo importantes problemas de salud. ¿Cómo puedo convocar a mis ángeles para que me ayuden a curarme?

Los ángeles de sanación liderados por el arcángel Rafael te guían para que reconozcas tus propios dones sanadores, sientas la dulzura del amor divino, identifiques las viejas creencias o patrones de pensamiento que contribuyen a tu enfermedad y perdones el pasado y el presente para favorecer el restablecimiento de tu salud. *La sanación significa convertirse en un ser humano pleno.*

Durante muchos años he tenido graves problemas de salud. Mi maestro espiritual me dijo: «Estás transitando el camino del cuerpo». Yo luché contra esta idea mucho tiempo, consultando con un médico tras otro en busca de un diagnóstico y de una cura que me devolviera la salud. Estaba enfadada con mi cuerpo por causarme tanto dolor e invalidez. Estaba obsesionada con todo lo que me sucedía, y llegué a sentirme completamente desesperanzada e indefensa. Solo podía pensar en el dolor y el sufrimiento.

Cierto día estaba tumbada en el sofá con intensos dolores y en un estado de desesperación tan profundo que lo único que quería era morirme, cuando de repente algo cambió mágicamente mis pensamientos. «Señor, no me importa lo que le suceda a este cuerpo. Lo único importante es que en este momento siento que tu amor me sostiene».

¡Esta oración lo cambió todo!

Cada aspecto de mi ser se alineó con ese deseo conmovedor de experimentar el amor divino. El poder y la autoridad de mi ser invocaron el amor, e instantáneamente me sentí infundida por un amor divino extático que me liberó del dolor. Millones de ángeles me rodearon con amor, y todo lo demás desapareció. Lo único que existía era la caricia amorosa de ese ejército de ángeles celestiales que me sostenían dulce y tiernamente. Perdoné de inmediato todo lo que había sucedido en el pasado y reconocí mis dones sanadores. Este fue un cambio permanente e irreversible. Era la Fuente que consolidaba la *iniciación de la Quinta Puerta* y el inicio del descenso consciente del Espíritu a la materia a través de mi vida.

ÁNGELES DE LA SANACIÓN

Tus ángeles de la sanación te están guiando hacia un momento fundamental para ti, en el que dejarás de ser víctima para ser maestro creador. El arcángel Rafael, el Sanador Maestro, escucha tus plegarias y te responde activando tu ser divino y tus dones de sanación. En presencia de tu ser divino eres restituido a la plenitud. Visita la clínica de sanación del arcángel Rafael cada día.

Las enfermedades graves nos brindan tiempo para analizar nuestro pasado en busca de sus causas. Cuando el dolor te motiva a perdonar, entra en escena el ángel Stamera, que te enseña a identificar las experiencias pasadas y las personas que contribuyen a fomentar viejas creencias y pensamientos reiterativos que perpetúan la enfermedad, y una vez finalizada esa tarea te ayuda a *perdonar*.

Y lo mejor de todo es que las enfermedades tienen el potencial de convertirse en una fuerza vigorosa que promueve el despertar y la iniciación espiritual. Cuando utilizamos nuestros síntomas para reconocer por qué nos sentimos desconectados, impotentes, desesperanzados y enfadados con nuestro cuerpo y nuestra vida, estamos preparados para entregarnos a la iniciación de la Iluminación. Entonces podemos iluminar las zonas que han estado cerradas al amor. El camino del cuerpo es poderoso porque la motivación que producen el dolor y el sufrimiento es muy potente. ¡Considérate bendecido! Los ángeles de la comprensión elevan tu conciencia para que puedas apreciar las preciosas oportunidades que se presentan a través de los ojos de tu Ser Maestro.

La verdadera sanación tiene lugar cuando reconoces que el origen de tu enfermedad es que estás separado del amor. La cura consiste en rendirte a la unidad amorosa con lo Divino. Los ángeles de la dulzura te mantienen en la bienaventuranza del amor divino, calmando el dolor y proporcionándote bienestar. ¡Los ángeles de los dones te conducen a experiencias que ponen en evidencia tus dones y tus poderes sanadores para que te conviertas en el sanador que realmente eres!

- **Junta las palmas de tus manos** y colócalas frente a tu corazón.
- **Inhala y exhala.** Respira profundamente una vez más para incorporar el aliento del amor divino. El amor sanador.
- **Sopla entre las palmas de tus manos** mientras exhalas. ¿Puedes sentir cómo el cálido aliento de Dios despierta los puntos de sanación que hay en las palmas de tus manos? ¿Puedes sentir el cosquilleo de la paz atravesando tu cuerpo? Rafael *está activando los puntos de sanación* de tus manos, formando un canal de energía sanadora que va desde tu corazón hasta tus manos. Rafael está despertando tus dones de sanación para que puedas curarte a ti mismo y a los demás.
- **Deja que tus manos se transformen en instrumentos radiantes** para que la energía sanadora de Rafael fluya a través de ellas.
- **Siente esta energía.** Es una energía muy sutil. Relájate. Permite que el cosquilleo de la energía se manifieste.
- **Entrégate** a la sensación de receptividad y paz.
- **Coloca tus manos sobre tu corazón,** o sobre la zona de tu cuerpo que necesita sanación.
- **Recibe ahora la sanación.** Transfórmate en un ser pleno en la clínica de sanación de Rafael.

¿Quieres saber algo más sobre este tema? Visita www.ArchangelRaphaelHealingClinic.com.

BENDICIÓN DE LOS ÁNGELES: TÚ ERES MI CORAZÓN Y MIS MANOS

Rafael te convoca al servicio diciendo:

Yo soy el que cura.

Dios cura a través de mí.

Tú eres mi corazón y mis manos en este mundo.

La mayoría de mis Hijos de Luz todavía no pueden verme ni percibir mi presencia.

De manera que me dirijo a ti, para llamar a mis hijos que caminan sobre la Tierra.

Toma mi mano.

Recuerda quién eres en verdad.

Tú tienes una llamada y unas habilidades únicas.

Hemos venido para despertar tus habilidades de sanación latentes y tu corazón dormido.

¿Estás preparado?

Kimberly Marooney,
A-HA! A unique self-help guide to Archangel-Healing Activa-tion Sessions [¡Ajá! Una guía de autoayuda única para las sesiones de activación de la sanación de los arcángeles]

7

Me estoy hundiendo en la tristeza y la depresión

Me siento desesperanzado e impotente. Casi todo el tiempo me encuentro cansado. No puedo ver ninguna opción positiva, pues la inspiración me abandonó hace mucho tiempo. Me encuentro en un pozo profundo y oscuro. Sacadme de aquí.

La desesperación es un síntoma fundamental de tu despertar. Los ángeles de la ascensión son los primeros en ofrecerte ayuda. Amitiel te conduce hacia la verdad. Remliel baila a tu alrededor, tentándote con la alegría. El ángel de los dones te formula una pregunta esencial: «¿Cuál de todos los bienes es posible para ti?». ¡La activación del chakra de la ascensión del arcángel Metatrón lo cambia todo!

Metatrón dice: «Yo te veo como verdaderamente eres, con un esplendor radiante y una gloria magnífica. Honramos tu corazón devoto y reconocemos los desafíos que afrontas. Cada vez que tu corazón y tu alma se vuelven hacia nosotros, se producen milagros. Estamos aquí en todo momento. Eres sostenido y apoyado más allá de lo imaginable».

Te encuentras en el arco de descenso de la iniciación espiritual. La *iniciación de la Sexta Puerta* infunde amor divino a la vida humana. Tu corazón está utilizando la tristeza y la depresión para conducirte a experiencias profundamente íntimas en las que el amor divino se fusiona con el amor humano. Pide ayuda a tu familia y a tu comunidad espiritual. ¡No sufras en silencio! Tu energía retornará a ti cuando hayas modificado la dirección de tu vida para que esté alineada con tu despertar espiritual.

ÁNGELES DE LA ASCENSIÓN

Puede parecer extraño que Ramaela, el ángel de la alegría, esté danzando alrededor de ti. Ella y las huestes celestiales están celebrando dichosamente que estés preparado para la activación de la ascensión. Algunos reconocen de inmediato esta activación. Otros hacen un esfuerzo a lo largo del tiempo para conectarse con la receptividad y desarrollar su punto de vista.

¡Siente curiosidad! Cada vez que estés triste o deprimido, analiza los territorios interiores de tu ser. Cuestiona tu interpretación de las cosas. Las emociones son energía. ¿Y si estuvieras recibiendo una poderosa transmisión de energía en respuesta a tus plegarias, y tu sistema nervioso estuviera catalogándola de un modo incorrecto? El sistema nervioso funciona en modo defensa cuando un aluvión de energía espiritual te inunda. Las inyecciones de energía espiritual se malinterpretan fácilmente. ¿Y qué pasaría si Jofiel, el ángel de la belleza, estuviera de pie a tu lado apoyando una de sus manos sobre tu espalda, y tú reaccionaras con desesperación? ¡Eso es lo que sucede durante nuestro despertar!

El propósito más profundo de la activación del chakra de la ascensión es ayudarte a percibir la presencia del amor divino. Todo está a tu alrededor y dentro de ti. El amor divino es el aire que respiras y los latidos de tu corazón. Son los rayos del sol y los granos de arena en la playa. El amor divino te envuelve en todo momento. Contémplalo en los ojos de la gente. Contémplalo en la oscuridad. Contémplalo en todo lo que existe, guiándote hacia tu propio hogar.

Amitiel, el ángel de la verdad, está fortaleciendo tu conexión con las salas de la sabiduría. Amitiel está reforzando la presencia de la verdad que reside en tu interior. El ángel de los dones vigoriza tu conexión con la mente superior y la conciencia divina para que *puedas* modificar tus pensamientos y abandones la tristeza para experimentar la alegría. Tus habilidades intuitivas se expanden para recibir el fluir de la conciencia divina cuando estás alegre. ¡Tu alma, que contiene un fragmento de tu esencia, te conecta con tu propio Ser! Tu Ser Maestro te conecta directamente con el amor divino, la Fuente y todo lo que existe. ¡Ya nunca volverás a considerar la tristeza y la desesperación de la misma forma, pues ellas son una enorme invitación a activar tu divinidad!

RECETA DE LOS ÁNGELES: ACTIVACIÓN DEL CHAKRA DE LA ASCENSIÓN DEL ARCÁNGEL METATRÓN

Utiliza tus sentidos internos para recibir una inyección de energía de activación mientras sigues las siguientes instrucciones:

- **Tú eres sostenido por el amor.** Permite que la energía del arcángel Metatrón fluya a través de tu cuerpo. Deja que esta energía llene las zonas que están bloqueadas y son vulnerables. Deja que sus bendiciones rellenen los espacios donde hay frustración y confusión. Metatrón dice: «Estoy aquí».
- **Coloca tu mano izquierda sobre la parte posterior de tu cabeza.** Localiza en la base del cráneo una zona blanda donde

el cuello se conecta con la cabeza. Coloca tus dedos índice y corazón a ambos lados de este punto y déjalos allí. Aquí comienza la activación.

- **Respira.** Relájate. El contacto con este punto sensible de la base del cráneo debe ser ligero y suave. Es una zona muy vulnerable. Ábrete para recibir el flujo de la energía de ascensión de Metatrón.
- **Desplaza tu mano hacia la parte posterior del cráneo,** justo por encima de la zona mencionada, y coloca el pulgar sobre ella. Respira. Relájate. Recibe. Metatrón está activando dos puntos de tu chakra de la ascensión que se encuentran en la parte posterior de tu cabeza. Esos dos puntos están específicamente conectados con una cualidad del amor divino que es dulce, reconfortante, pero sin embargo poderosa. ¿Puedes sentir el despertar de tu corazón que fomenta esta energía?
- **Los pétalos de tu corazón se abren** para recibir el sol del amor divino. ¡En ti hay mucho más que un ser humano! ¿Puedes sentirlo?

¿Quieres saber algo más sobre este tema? Visita www.archangelmetatronascensionactivation.info.

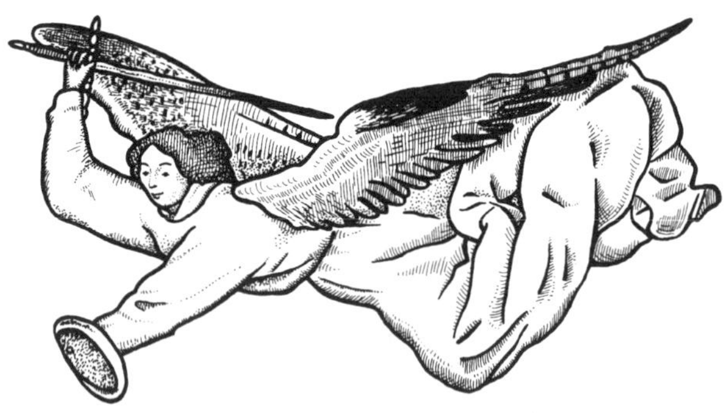

BENDICIÓN DE LOS ÁNGELES: LA VASIJA DE LA VERDAD VIVIENTE

El arcángel Metatrón quiere que sepas que:

Eres la vasija de la verdad viviente.

Eres el cáliz del amor divino.

Eres la copa de la voluntad divina.

Otras personas vienen a ti para activar el néctar de la presencia eterna y despertar esa presencia dentro de ti.

La Activación de tu Ascensión está ampliando tu capacidad para responder a la llamada de tu alma.

Tú eres bendecido.

Y tú eres la bendición para los demás.

Defiende firme y profundamente la verdad.

8

Me siento agobiado por los desafíos que me presenta la vida

¡No me siento capaz de afrontarlos! No puedo concentrarme ni tomar ninguna decisión. ¡Me siento perdido por el estrés que me provoca tener demasiadas cosas que hacer!

No podemos hacerlo todo solos. No estamos preparados para que la vida funcione sin el apoyo celestial. El agobio y el estrés sobrevienen cuando pensamos que tenemos que resolverlo todo por nuestra propia cuenta. Los ángeles de la entrega te invitan a *colocar tus cargas en una bandeja de plata y ofrecerlas a lo Divino.*

La madre de Jana Marie se cayó y se rompió el cuello mientras la visitaba durante sus vacaciones. La mujer era incapaz de hacer nada por sí misma, de manera que Jana Marie tuvo que atenderla las veinticuatro horas del día, una ocupación que se agregó a su trabajo de jornada completa, a los desplazamientos en su vehículo y al cuidado de su propia familia. Cierto día que estaba más agobiada que nunca Jana Marie dirigió una oración a los ángeles para que la orientaran. En el preciso momento en que estaba a punto de rendirse, una visión radiante surgió en su mente.

«¡Una bandeja de plata! Colocar mis preocupaciones e inquietudes en una bandeja de plata y ofrecerla a Dios y a los ángeles. Lo he oído con toda claridad: "*¡Entréganos* tus preocupaciones! Nosotros sabemos lo que necesitas. Estamos aquí para ayudarte". Entonces llené la bandeja de plata con todas mis penas y me entregué. Tuve que confiar en que ellos se ocuparían de gestionar los detalles. De inmediato comenzaron a producirse milagros a diario, que me ofrecían todo lo que necesitaba y traían a mi vida a las personas adecuadas para ayudarme con la recuperación de mi madre».

Jana Marie utilizó la bandeja de plata en muchas ocasiones y aconsejó a otras personas que hicieran lo mismo. ¡Y pronto empezaron a llegar soluciones para lo que parecía imposible resolver! La vida de ambas mujeres mejoró sustancialmente. ¡Su madre ya puede caminar y cuidar de sí misma! Este es el poder de convocar la intervención celestial en tu vida.

ÁNGELES DE LA RENDICIÓN

Tu alma ha llamado a los ángeles del sacrificio para ayudarte a atravesar una época difícil. Con frecuencia, el sacrificio implica una angustia profunda que se manifiesta cuando renuncias a algo que aprecias en favor de un bien mayor.

Timothy Conway escribió en su libro *Women of Power and Grace* [Mujeres de poder y gracia]: «Sacrificio: es "sacralizar" todas las situaciones que vivimos a través del poder de ver a Dios en cada acontecimiento». Cuando Jana Marie sacralizó el cuidado de su madre, que le suponía tanto tiempo, pudo liberarse del resentimiento y encontrar soluciones.

Zacarael te invita a *entregar* tus cargas. Los ángeles de la confianza te ayudan a «entregarte y dejar que Dios» se ocupe de las situaciones que vives. A partir de ahí recibirás orientación para encontrar soluciones y tomar las mejores decisiones. Esto es «la divinidad participativa», tal como la denominó Judith Larkin Reno. Te encuentras en la *iniciación de la Séptima Puerta*.

Ananchel, el ángel de la gracia, te conduce a tu propia alma, donde puedes experimentar la paz. La gracia está en las soluciones y los recursos que se manifiestan en respuesta a tu entrega.

RECETA DE LOS ÁNGELES: MEDITACIÓN DE LA BANDEJA DE PLATA

- **Escribe sobre tu situación en tu diario.** La acción de escribir tu historia les indica a tu cerebro y a tu sistema nervioso que deben dejarse llevar. Describe de qué manera estás sacralizando la situación que te toca vivir. Solicita al ángel del sacrificio que te guíe.

- **Concéntrate.** ¿Cuál es la situación, decisión, persona, objeto o desafío más importante que requiere toda tu atención en este momento?

- **Llama a tu equipo de ángeles.** Cierra los ojos para sentir la conexión que tienes con tus ángeles. Utiliza tu imaginación para «visualizarlos» a tu alrededor ofreciéndote su apoyo amoroso. Relaja tu corazón y tu alma para recibir ese apoyo.

- **Medita sobre la bandeja de plata.** Imagina que estás sujetando una bandeja de plata de gran tamaño. Visualiza tus obstáculos o desafíos sobre la bandeja. Si se trata de una persona, imagina a esa persona sobre la bandeja. Si se trata de una situación, visualiza el holograma de lo que está sucediendo sobre la bandeja. Ofrece a los ángeles la bandeja en la que has colocado los desafíos que debes afrontar. Luego di algo, como por ejemplo: «Tomad esto. Yo no puedo con ello. Os lo entrego, y confío en que os ocuparéis de ello en mi lugar. Muchas gracias».

- **Confía.** Los ángeles han escuchado tu pedido. Confía en que lo tendrán en cuenta. Ten fe en que te ofrecerán soluciones y fomentarán tu capacidad de resolución. Libérate de tus cadenas. Todo está bien.

- **Siente la gracia.** Siente ahora la gracia de la presencia divina y el alivio instantáneo. Con el paso del tiempo observarás que los milagros y las soluciones llegan a tu vida. Algunos son muy pequeños y quizás pasen inadvertidos si no estás muy atento. Escribe en tu diario sobre los milagros, las soluciones, la sinergia, las oportunidades y las posibilidades que son el resultado de esta entrega.

BENDICIÓN DE LOS ÁNGELES: DEJA QUE NUESTRO MANTO DE AMOR TE RECONFORTE

Estamos aquí.

Somos tus ángeles.

En realidad siempre estamos contigo.

En cada momento de la eternidad estamos aquí.

Nunca has sido abandonado.

Nunca has sido olvidado.

Nunca has carecido de amor.

Siempre te abrazamos para ofrecerte consuelo, amor y paz.

¡Tenemos tantas cosas para ofrecerte!

Por favor, escúchanos.

Busca nuestra presencia serena en tu corazón.

Escucha nuestra amable guía en tu corazón.

Deja que nuestro manto de amor te reconforte.

Estamos aquí.

Estamos aquí contigo.

Déjanos ayudarte.

Escucha nuestras palabras de sabiduría.

¡Reconoce los milagros que te suceden cada día!

Deja que la alegría caiga como gotas de lluvia en tu camino.

Sí, estamos aquí.

¡Ten fe!

9

¡Siento miedo todo el tiempo!

Las circunstancias de mi vida me parecen amenazadoras.
Enviadme intervención divina. Os ruego que me protejáis
con coraje, templanza y fuerza.

¡Los ángeles de la protección conducidos por el arcángel Miguel son los primeros en responder! *Ahora debes reconocer que estás protegido y te sientes seguro.* Cerviel, el ángel del coraje, te enseña a encontrar la paz en medio del miedo. Los ángeles de la templanza restauran tu poder. El ángel Nisroc te libera del miedo por medio de alternativas que contribuyen a tu empoderamiento.

Hace mucho tiempo yo tenía una relación amorosa en la que imperaba el abuso. Esto sucedió de verdad. En cierta ocasión me encontraba en el trabajo y de pronto me sentí tan atemorizada que me senté en el suelo debajo de mi escritorio temblando de terror. Ese peligro estaba en mi imaginación. Yo necesitaba una intervención divina y una protección en la vida real hasta que aquella situación se acabara.

Después de aquella experiencia sentía miedo constantemente, y eso duró muchos años. Mi miedo finalmente se convirtió en un aliado. Me enseñó a reconocer mi fuerza interior, a vivir en un estado superior de conciencia y a rodearme de personas que me amaban.

¿Quién ha sido la causa de que tengas tanto miedo? ¿Esa situación ya se ha acabado o sigue en pie? A medida que te vuelves consciente y las cosas empiezan a estar más claras, las áreas de tu vida que están desequilibradas empiezan a resultarte intolerables. Entonces comienzas a atravesar diferentes puertas. De acuerdo con Judith

Larkin Reno, las siete puertas son etapas en el camino del crecimiento personal que conducen a la Iluminación y a la comprensión de Dios. Tu identidad, tu realidad y tu conciencia cambian radicalmente con cada iniciación. El resultado siempre es más amor, libertad y compasión.

El miedo es un síntoma que indica que tu poder natural reprimido está a punto de irrumpir en tu vida. La *iniciación de la Tercera Puerta* consiste en reclamar la autoridad sobre el propio ser y el poder personal. Tu alma te está abriendo los ojos a una percepción ampliada del Ser.

ÁNGELES DE LA PROTECCIÓN

El arcángel Miguel te pide que observes tu miedo. ¿Te encuentras ahora en peligro? Probablemente no. Respira y relájate. Concéntrate en el presente. Miguel está contigo, protegiéndote en todo momento. Intenta percibir los signos de su presencia. El ángel Cerviel te guía para que encuentres el coraje en medio del miedo. Desde una perspectiva consciente, tú estás atrapado en la vibración baja del miedo. Accede al coraje y eleva tu frecuencia para poder valorar tus opciones y tomar decisiones.

El ángel de la fortaleza restaura tu poder. Afianza la energía que hay en tu abdomen en el corazón de la Tierra. ¿Y si fueras un ser poderoso y radiante? ¡Lo eres! Respira mientras consideras esta posibilidad. Deja que la energía de tu plexo solar se expanda y ascienda hacia el cielo. El ejército celestial te acompaña mientras te conectas con el Séptimo Reino. ¿Puedes percibir el brillo y la luminosidad que emanas cuando estás en su compañía?

El ángel Nisroc te ayuda a liberarte del miedo activando tus poderes angélicos. (En el capítulo veinte puedes encontrar más detalles sobre los poderes de los ángeles). A lo largo del día surgen oportunidades para tomar decisiones. Las pequeñas alternativas pueden ser tan poderosas como las grandes. Arráigate con firmeza en la tierra y conéctate con lo Divino. Luego pregúntate: «¿Esta decisión me empodera o me priva de poder? ¿Me conduce hacia la libertad y la paz o hacia el miedo?». Cada elección consciente te hace avanzar hacia el empoderamiento que se manifiesta cuando estás alineado con tu alma. Los ángeles de la confianza te ofrecen su ayuda mientras tú te vuelves hacia tus amigos y tu familia espiritual en busca del apoyo que necesitas para crear una nueva vida segura y en paz.

RECETA DE LOS ÁNGELES: MEDITACIÓN PARA SENTIRSE SEGURO Y PROTEGIDO

El doctor Rick Hanson es un neuropsicólogo especializado en ayudar a sus pacientes a encontrar la felicidad. Él sugiere concentrarse en las siguientes imágenes cuando se siente miedo:

- **En este momento estás seguro.** Más allá de que te sientas agitado o estés sufriendo, de cualquier manera estás seguro. No hay ninguna amenaza de peligro. ¿Qué es lo que sientes? En este momento nadie te está atacando. Tienes aire para respirar. Todo está bien.
- **Siéntete protegido.** Mira las paredes que te rodean o los laterales de tu coche. Te encuentras en una zona relativamente segura. Reconoce que estás protegido. ¿Qué es lo que te hace sentir seguro?
- **¿Quién se preocupa por ti?** ¿Sentir que te cuidan y te protegen te hace sentir seguro?
- **Siéntete en paz.** Permite que la sensación de estar seguro, protegido y cuidado se afiance en lo más profundo de tu ser. Relájate para experimentar la sensación de estar en paz.
- **Entra en acción.** ¿Qué es lo que crees que necesitas para tener una vida más segura y empoderada?

BENDICIÓN DE LOS ÁNGELES: INVOCACIÓN DE LOS ARCÁNGELES

Invoco la luz azul del arcángel Miguel para que me rodee y me proteja.

Le pido que me conceda coraje y me salvaguarde de la negatividad.

Solicito que vierta sobre mí la energía de protección de color azul brillante, permitiendo que se manifieste únicamente lo que redunda en mi bien superior.

Invoco la luz blanca del arcángel Gabriel para que me envuelva con su energía de pureza y paz.

Le pido que me ayude a comunicarme desde el corazón, a través de mis palabras, pensamientos y sentimientos de luz y amor.

Invoco la energía de color rojo dorado del arcángel Uriel para que me infunda sabiduría, claridad y visión.

Resuelve todos los conflictos que hay en mi vida y sustitúyelos por el conocimiento y la comprensión de la perspectiva general.

Ayúdame a tomar decisiones que sean más sabias para mi viaje personal.

Para terminar, invoco la luz verde del arcángel Rafael para que vierta sobre mi cuerpo salud y bienestar.

Ayúdame a recibir la sanación con todo el corazón y guíame hacia mis capacidades naturales de sanación.

¡Os agradezco, y que así sea!

Sunny Dawn Johnston,
365 Days of Angel Prayers [365 días de oraciones a los ángeles]

10
Tengo problemas con la comida

No puedo dejar de atiborrarme de comida y luego obligarme a pasar hambre. Ayudadme a afrontar mi sufrimiento y a adoptar una alimentación equilibrada. Nutridme.

Cada vez que la abuela de Velma iba a visitarla, le llevaba helado. Velma no recuerda mucho de sus visitas, excepto los helados de chocolate. El helado se transformó en un sustituto del amor y la atención. Velma solo podía pensar en que su abuela le traía el helado que tanto le gustaba.

Recuerda tu temprana infancia. ¿De qué manera la comida, o la falta de comida, influyeron sobre tu necesidad básica de amor y de atención en tu familia?

Los alimentos sirven para nutrir nuestros cuerpos. Nuestras relaciones personales, la curiosidad por aprender a lo largo de toda la vida, y las experiencias intensas nutren nuestro corazón, nuestra mente y nuestra alma. Cuando nos damos un atracón, o por el contrario cuando pasamos hambre, no nos aprovechamos del verdadero propósito y beneficio de los alimentos. ¿Acaso la comida se ha convertido en un medicamento para encubrir traumas emocionales? ¿Comer te mantiene ocupado para no pensar en tu sufrimiento? ¿Comes para rellenar sentimientos o para regularlos? ¿Pasas hambre para olvidarte de tus necesidades? Así es como la comida se convierte en una obsesión, en el centro de la vida y en Dios.

Es posible sentirte a gusto con tu cuerpo. Puedes volver a tener una relación nutritiva con los alimentos, solicitando a un poder superior, a los ángeles o al Espíritu que hagan lo que tú no puedes hacer por ti mismo. La oración de Velma es: «Dios, Espíritu, os ruego hagáis por mí lo que yo no soy capaz de hacer».

ÁNGELES NUTRIENTES

La comida está en el centro mismo de nuestra interacción con la vida y el amor. Raziel, el ángel del conocimiento, te guía para que descubras si tienes malos hábitos alimentarios o si eres adicto a la comida. En la adicción existe un componente químico cerebral. No tiene nada que ver con tu fuerza de voluntad. La adicción a la comida significa que nunca obtienes lo suficiente. Nunca estás satisfecho. No puedes detenerte tras tomar una ración normal. La información adecuada puede orientarte a lo largo del proceso de restaurar el equilibrio en tu alimentación. ¿Te apetece tener más información? Visita www.KaySheppard.com, la página web de Kay Sheppard, una destacada experta en la adicción a la comida.

El ángel de la vulnerabilidad te sostiene en un abrazo tierno que te llena de bienestar. Cuando te sientas vulnerable encomiéndate a este ángel en vez de ir a buscar comida. El ángel de la intimidad te guía a través del proceso para sanar el trauma de sentir la energía de los demás. El abuso sexual, emocional y físico puede desplazar a la comida la conexión amorosa que tenemos con personas peligrosas. El ángel de la intimidad derrite tu corazón mediante experiencias seguras y enriquecedoras con quienes son importantes en tu vida.

La solución definitiva para sentirte a gusto contigo mismo es profundizar tu conexión con lo Divino, en lugar de recurrir a la comida. Stamera, el ángel del perdón, te invita a perdonarte y a perdonar a las demás personas involucradas en el conflicto. El ángel del valor te enseña a cambiar tu foco de atención desde el resentimiento y la culpa hacia el autoempoderamiento. Tú mereces tener amor y salud. El ángel de la satisfacción reemplaza el hambre insistente que nunca se satisface por una profunda sensación de satisfacción y paz. La dulzura se transforma en un placer emocional que sustituye al azúcar.

RECETA DE LOS ÁNGELES: ¡NUTRIDME!

Los ángeles del valor te conceden *ahora* amablemente una relación sana con los alimentos y la capacidad de desarrollar la conciencia de ti mismo desde una perspectiva del amor. He aquí cómo lograrlo:

- **Detente.** Cuando notes que estás pensando en la comida, o te encuentres en la despensa o frente a la nevera buscando algo para comer, detente. Interrumpe ese patrón de conducta.
- **Respira.** Cierra los ojos durante unos instantes y respira. Deja que la respiración relaje tu cuerpo, tus emociones y tu mente. Concéntrate en la pausa natural que hay entre la inhalación y la exhalación.
- **Conéctate**. Invoca a los ángeles, o a Dios, para que te eleven hacia los reinos celestiales del amor divino. Busca en tu interior una sensación de bienestar o calma. Imagina a tu equipo de ángeles nutrientes rodeándote con un tierno abrazo de amor. Siéntete en paz.
- **Cambia de dirección.** ¿Qué es lo que constituye ahora tu bien superior? ¿Qué es lo que realmente quieres? Imagina a tus ángeles infundiéndote esa sensación que anhelas. Visualízate plenamente satisfecho y lleno de intimidad, dulzura, alegría, placer y amor.
- **Elige otra vez.** Mientras experimentas la satisfacción de tu nutrición interna, decide conscientemente mantenerte alejado de la comida. Los ángeles te ayudarán a volver a tu cuerpo y afianzarte en la tierra con nuevas formas de satisfacción.
- **Encuentra la alegría en la vida.** ¿Qué te falta? ¿Qué es lo que realmente quieres? ¡Persíguelo! ¡Mereces tenerlo!

- **Planifica tu régimen de comidas**. Identifica los alimentos que podrían desencadenar un verdadero desafío para tu alimentación. Organiza un régimen alimentario que sea sostenible y fácil de cumplir, a la vez que nutritivo y satisfactorio. Esta dieta debe incluir varias raciones de alimentos, y tendrás que comer cada cuatro o cinco horas. ¿Necesitas ayuda? Visita la página web www.KaySheppard.com.

BENDICIÓN DE LOS ÁNGELES: MOSTRADME EL CAMINO

¡Dios querido, te necesito urgentemente!

Yo veo el vacío.

Tú ves la plenitud.

Ángeles, por favor, mostradme el camino.

Yo sufro.

Vosotros sentís paz.

Ángeles, por favor, mostradme el camino.

Yo no tengo nada.

Vosotros tenéis todo lo que existe.

Ángeles, por favor, mostradme el camino.

Rev. Velma Alford

11

MI CORAZÓN ANSÍA ENCONTRAR A MI ALMA GEMELA

Abrid mi corazón y mi vida para tener mayor intimidad, sanación y amor.

¿Piensas que la vida sería perfecta si pudieras encontrar a tu alma gemela? Los ángeles del amor ofrecen claridad, y al mismo tiempo la posibilidad de tener relaciones íntimas de alma a alma (los elementos que caracterizan las relaciones con las almas gemelas) y la sanación sexual para el cuerpo y el corazón. *La gratitud te ayuda a reconocer el amor que ya tienes.*

ÁNGELES DEL AMOR

El ángel Hadraniel nos enseña a amarnos a nosotros mismos antes de pedir que nuestra alma gemela llegue a nuestra vida. En la *iniciación de la Primera Puerta*, nuestra capacidad para amar se expande más allá del vínculo de la pareja. Nuestro interés por los mundos interiores nos acerca al concepto de alma gemela.

Anael, el ángel de la sexualidad, es quien pone en marcha el proceso. ¿Consideras que tener sexo apasionado con la persona que amas es una cualidad de tu alma gemela? Las relaciones románticas y sexualmente fogosas ofrecen lecciones poderosas que abren los chakras con el propósito de elevar la energía *kundalini* a través de orgasmos extáticos. Este tipo de alma gemela puede sacar lo peor de ti y llegar a desequilibrarte, y tu relación con ella puede acabar destrozándote el corazón. Algunas almas gemelas son atraídas hacia nosotros para sanarnos mientras alcanzamos una mayor comprensión de nosotros mismos y del amor.

Tu viaje de profunda sanación corporal, sexual y amorosa te prepara para el tipo de alma gemela que sacará lo mejor de ti. Después de ascender hacia la Fuente y de descender tras haber experimentado el amor divino, has arribado a la *iniciación de la Sexta Puerta*. Sí, todavía hay sexo apasionado… y mucho más. En el gran grupo de almas del que formas parte puedes elegir entre muchas almas gemelas; la profundidad del amor que sientes por ti mismo y tu madurez espiritual atraerán a la pareja de tu vida. Soqed Hozi es el querubín de las relaciones amorosas, y te conduce hacia la pareja que es más compatible contigo. Ambos estaréis mucho mejor juntos que solos. Juntos seréis más felices, más productivos y más reales. Además de contar con una pareja que os apoya, vuestras almas evolucionarán juntas.

El ángel de la intimidad te enseña a sentirte seguro y a salvo. Tú amas a tu pareja tal como es, sin intentar convertirla en la persona que deseas que sea. Estáis intuitivamente conectados y conocéis vuestros mutuos pensamientos y sentimientos. Podéis fluir juntos en la vida con pocas o ninguna fricción.

Tu alma gemela más compatible, poseedora de los atributos que tú deseas, está en camino hacia ti. El ángel Ooniemme es ahora

tu amigo, y te ayuda a identificar a tu familia del alma y a sentirte agradecido por contar con ella.

RECETA DE LOS ÁNGELES: RECONOCE EL AMOR

Prepárate para recibir a tu alma gemela escribiendo en tu diario cada noche antes de irte a dormir algunas notas relacionadas con las siguientes preguntas:

- **Analiza tus relaciones.** ¿Quién te quiere ahora? ¿Familiares, amigos, colegas del trabajo, vecinos que te hacen sentirte querido y cuidado? Tú eres importante para ellos. ¿O acaso son tus mascotas, tus amigos espirituales, un ángel o un espíritu guía? Te sientes considerado, valorado y querido por todos ellos. Escribe en tu diario quiénes son las personas que te aman y qué es lo que sientes al contar con su apoyo.
- **Identifica a tu grupo de referencia.** ¿En cuál de los grupos a los que perteneces te sientes respetado y reconocido? Describe cómo es el ciclo de dar y recibir en esos grupos.
- **Siéntete amado** ahora. ¿Cómo es sentir el amor que recibiste en una experiencia pasada? ¿A qué te entregas en la vida cuando te sientes amado? Deja que la soledad y la dependencia se desvanezcan. ¿Qué se siente al experimentar el amor incondicional de la Fuente?
- **Ama y protege a los demás.** ¿De qué manera te ocupas de quienes te rodean? Deja que la envidia, los celos y la angustia desaparezcan tras el sentimiento de ser amado y de amar. Descansa en el amor. Observa el ciclo de dar y recibir en tu lugar de trabajo. ¿Acaso das más de lo que recibes? ¿O recibes más de lo que das?

- **Siente compasión.** Incluso cuando no estás de acuerdo con otra persona. ¿Qué se siente al ser compasivo contigo mismo? ¿Qué sentirías ante la compasión de Dios?
- **Concéntrate en la paz, la satisfacción y el amor.** Visualiza la sensación general de que tus necesidades son colmadas y que tú estás satisfecho. En una relación amorosa no hay ninguna necesidad de depender de la otra persona. Tú estás protegido y en paz. Tú eres amado, y amas. Duerme tranquilo sabiendo que tu alma gemela está en camino.

BENDICIÓN DE LOS ÁNGELES: PLEGARIA PARA QUE EL ARCÁNGEL CHAMUEL ENCUENTRE TU ALMA GEMELA

Querido arcángel Chamuel:

Elevo una plegaria hacia ti; te ruego me ayudes a encontrar mi alma gemela perfecta.

Estoy abierto a recibir el amor que me está destinado.

He trabajado diligentemente para desbloquear mi corazón, y ahora soy capaz de dar y recibir amor.

Anhelo tener una pareja que me apoye en todo lo que hago y me ame; también quiero devolver ese apoyo y ese amor.

Déjame encontrar mi alma gemela y permite que la paz llene nuestras vidas cuando finalmente nos encontremos.

Sé que toda sanación procede del amor, de modo que deja que sigamos sanándonos en el camino que emprendimos juntos.

Déjanos vivir las épocas difíciles y las épocas felices en un espacio amoroso centrado en el corazón.

No nos permitas olvidar la sensación de alegría y el amor, ni tampoco cómo fue el inicio.

Ayúdanos a aprender a crecer como pareja; dispuestos a cambiar para mejorar nuestra relación.

Envuélvenos en tus hermosas alas de color rosado y aparta la jaula que mantiene bloqueados nuestros corazones.

Permite que nuestros corazones vuelen y se unan, mientras laten como si fueran uno solo lleno de la luz rosada del amor.

Rev. Vicki Snyder-Young,
365 Days of Angel Prayers

12

¡El resentimiento me está atormentando!

Esos pensamientos persistentes y agobiantes me restan vitalidad y me hacen sentir una víctima. Ayudadme a optar por la autorresponsabilidad y el autoempoderamiento.

¡Esa pequeña voz me está volviendo loco! «¡No has hecho esto!», «¡Me has dejado solo para solucionar el problema!», «¡Ahora tengo que ocuparme yo, porque tú no lo has hecho!». ¡Basta! Debes sentirte agradecido porque un viejo hábito se ha revelado para que te liberes de él. ¡Tú no eres víctima de los hábitos de tu cerebro! Tú mereces recibir amor, aprecio y apoyo.

Todo comienza de la siguiente forma. Le pido a mi pareja que haga algo, y no lo hace. Entonces me enfado, y una voz llena de resentimiento se queja todo el tiempo de lo que no ha hecho mi pareja y de lo que me implicará en términos de tiempo y energía tener que ocuparme de hacerlo.

Las neuronas de tu cerebro tienen receptores para las emociones. Vianna Stibal dice en su libro *Theta Healing: una poderosa técnica de sanación energética*: «Una vez que se utiliza un receptor para una determinada emoción, ese receptor sencillamente depende de ella como si fuera una droga. De manera que si te has acostumbrado a estar deprimido, debes saber que tú creas tu propia depresión».

El resentimiento se incluye en esta misma categoría. Si tienes el hábito de sentirte resentido, tus neuronas buscan constantemente oportunidades para que el resentimiento alimente tu hábito. De acuerdo con Stibal, puedes aprender a vivir sin resentimiento, ayudando al cerebro a bloquear los receptores que lo están buscando. Y también puedes fortalecer los receptores neuronales para aceptar el mérito, el aprecio y la responsabilidad.

ÁNGELES DE LA COMPRENSIÓN

Cuando descubres que tus pensamientos están girando en torno al resentimiento, el ángel Ooniemme pasa junto a ti, te saluda y te dice: «¡Eh! ¡Sé *agradecido*!». Desplaza tu foco de atención hacia algo que te haga sentir gratitud.

¡Cambia las tornas! El ángel del aliento te ofrece una nueva perspectiva. ¡Busca pruebas de coraje y apoyo en tu vida o imagina que la persona con la que estás resentido te ofrece apoyo y te da aliento! Empieza intentando identificar las experiencias más pequeñas.

El resentimiento es la evidencia de que crees que no mereces recibir apoyo ni aprecio. El ángel del valor contradice esa creencia con la verdad. ¡Tú te mereces eso y mucho más! Reflexiona sobre las siguientes preguntas: «¿Qué cosas positivas puedo crear en mi vida? ¿Qué cualidades del alma se están reforzando gracias a esta experiencia?».

Sandalfón, el serafín del poder, convierte la energía del resentimiento en empoderamiento. Tú eres un creador potente. Arráigate en la tierra y luego eleva tu energía hacia el Séptimo Reino de los Ángeles, tal como hicimos en el capítulo nueve con el ángel de la fortaleza. Para reprogramar tus receptores cerebrales, Stibal sugiere que pronuncies la siguiente afirmación: «Me libero del resentimiento y comprendo qué es lo que se siente cuando se vive sin rencores». ¿Puedes imaginar la sensación de empoderamiento que eso produce? Luego pronuncia la siguiente afirmación: «Sé qué es lo que se siente

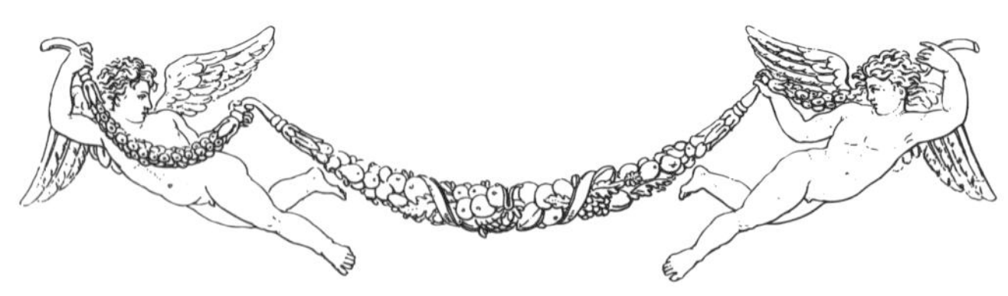

al recibir apoyo». Pasa un tiempo disfrutando de esa sensación de apoyo.

Galgaliel, el ángel de la vibración, te ayuda a modificar la energía de las relaciones y abandonar el resentimiento para abrirte al aprecio, al aliento y al amor.

RECETA DE LOS ÁNGELES: NUEVO COMIENZO

- **Detente**. En el momento en que descubras que el resentimiento está atormentándote, detente. Dúchate y lávate el cabello. Vístete con ropas limpias y atractivas que no sueles utilizar. Cambia la vibración de tu energía. Pronuncia la siguiente afirmación: «Comprendo lo que se siente al ser apoyado».
- **Escribe en tu diario** sobre tu situación actual. ¿Qué pretende revelarte tu resentimiento? ¿Cuáles de tus necesidades no están siendo satisfechas? ¿Acaso alguna persona está traspasando tus límites? ¿Has pedido lo que quieres obtener? Escribe en tu diario hasta que consigas aclarar cuál es tu participación en el conflicto. ¿Qué es lo que esperas recibir? ¿Qué es lo que deseas sentir? ¿Cuál es tu responsabilidad? ¿De qué manera puedes cambiar tu punto de vista, o tu conducta, para modificar tu dinámica habitual y pasar del resentimiento al empoderamiento?
- **¡Cambia!** A menudo sentimos resentimiento cuando no tenemos ningún control sobre la persona con la que tenemos un conflicto o sobre la situación que nos toca vivir. ¿Cuáles son las cosas que puedes controlar y modificar ahora mismo? Dedícate a limpiar y ordenar tu casa: cambia las sábanas, haz una colada, friega los platos. También puedes ayudar a otra persona para no

estar tan pendiente de ti mismo. ¿Sientes resentimiento porque algo que deseas no está sucediendo? ¡Hazlo tú mismo! Tal como sugiere Vianna Stibal, refuerza un nuevo pensamiento mediante la afirmación: «Yo sé cómo vivir sin sentirme abatido».

BENDICIÓN DE LOS ÁNGELES: EL PERDÓN DIVINO

El siguiente paso es el perdón.

El poder sanador y liberador de Dios y Su capacidad de perdonar trabajan ahora en mí y a través de mí.

Todo juicio, resentimiento, crítica e incapacidad de perdonar se han disuelto y sanado. Con el amor y la paz de Dios en mi corazón, perdono a todas las personas por cualquier cosa que hayan podido hacer o no hacer, incluyéndome a mí mismo.

Ahora perdono todas las experiencias pasadas.

Ahora me perdono a mí mismo por todos los errores, equivocaciones y malos actos en los que haya podido incurrir.

Me bendigo a mí mismo. ESTOY perdonado. SOY libre.

Gracias Dios, y QUE ASÍ SEA.

Susan Shumsky, *Sanación instantánea*

13
TENGO PROBLEMAS
CON EL SEXO

He sufrido abusos sexuales y me da miedo tener sexo, además
de sentirme culpable por practicarlo. ¡Incluso con mi pareja!
Ayudadme a dejar atrás el pasado y abandonarme al placer
de la sensualidad y la sexualidad.

La mayoría de las personas tienen problemas sexuales. Para muchos de nosotros todo comenzó con la violencia y los abusos sexuales sufridos en la infancia. Ha llegado la hora de sanarnos, independientemente de que el resultado haya sido la represión de la sexualidad provocada por el miedo o, por el contrario, la promiscuidad. ¡Las mujeres que han comenzado a hablar a través del movimiento #MeToo están cambiando la idea indignante de que el abuso sexual sea aceptado como algo normal!

La energía sexual es una fuerza poderosa y creativa, destinada a aumentar la luz en cada uno de nosotros. Nuestra energía se abre durante las relaciones sexuales. La energía sexual es magnética y atrae hacia nosotros a las personas que refuerzan nuestros patrones.

ÁNGELES DE LA ENCARNACIÓN DORADA

Más allá de que estemos siempre dispuestos a practicar el sexo o que lo evitemos, nuestras almas anhelan intimidad. El sexo no nos acerca, lo que nos acerca es el amor. En *Angel Love Cards*, el ángel de la intimidad nos enseña: «La intimidad se produce cuando dos corazones se conectan con el deseo sincero de experimentar algo nuevo. Por otra parte, las expectativas entorpecen la intimidad». ¿Estás dispuesto a entregar tu alma y tu corazón sin albergar ninguna expectativa?

Antes de tu nacimiento, tu ángel guardián, tu Ser Maestro y tu equipo de ángeles celebraron varias reuniones con los ángeles del plan divino para establecer los elementos más importantes para esta vida. ¿Qué problemas deberás afrontar? ¿Qué deudas kármicas deberás resolver? ¿Quién se encarnará para respaldar la sanación? ¿Quiénes serán tus almas gemelas? ¿Qué oportunidades tendrás? Tu *disco de encarnación dorada* fue formado y colocado en tu corazón con este programa de bendiciones, desafíos y oportunidades para la llamada de tu alma.

Los problemas sexuales ocupan un lugar prioritario en la lista de las oportunidades de sanación. Tal vez creías haber resuelto definitivamente tus problemas sexuales, y sin embargo siguen apareciendo. Durante la *iniciación de la Primera Puerta* recorres todos tus problemas sexuales y luego vuelves a ellos a medida que despiertas.

¡Buenas noticias! Tu disco de encarnación dorada está siendo actualizado y ha sido programado con un potencial mucho mayor de sanación y éxito. Puedes atravesar el karma y las creencias que te

mantienen atrapado en tus problemas sexuales. El ángel Anael se manifiesta ante ti en este momento para sanar tus problemas sexuales y transformarlos en experiencias placenteras. Abandona el pasado, perdona, acepta y trasciende. El ángel de la sensualidad te ofrece oportunidades para que disfrutes de una profunda intimidad amorosa. La esencia de tu mundo está siendo reconfigurada para incluir la sensualidad y el placer orgásmico.

Bienvenido a la *iniciación de la Sexta Puerta* de la intimidad y el amor incondicional. Tu Ser Maestro está descendiendo desde la Fuente para bendecirte. Al ver el rostro de Dios en las personas de tu vida, podrás disfrutar de una relación amorosa caracterizada por la entrega y el compromiso, y hasta un nuevo matrimonio con alguien cuya alma sea muy afín a la tuya.

RECETA DE LOS ÁNGELES: ¡HABLA SIN RESERVAS!

- **Utiliza el discernimiento**. ¿Te sientes seguro con tu pareja? Si no es así, busca la ayuda de un profesional. Para sanarte necesitas una pareja sexual que merezca toda tu confianza y tu amor y que esté dispuesta a ayudarte a superar tus miedos y tu sufrimiento.
- **Sé sincero** en relación con tus sentimientos; en primer lugar contigo mismo y luego con tu pareja. El amor es un sentimiento que hay en tu corazón. ¿Te estás conteniendo por miedo o rechazo? ¡Di lo que sientes! Cuenta tu historia.
- **Prueba cosas nuevas**. Dile a tu pareja lo que deseas. Atrévete. Si sientes miedo, exprésalo. Si sientes vergüenza, comunícalo. La sanación comienza con la intención de dejar de negar lo que te pasa.
- **No tengas prisa**. Reconoce tus miedos o deseos más pequeños. Considera tus pensamientos y sentimientos como una guía para la sanación, y no como un tormento. Al liberarte de

tu profundo sufrimiento, al principio solo serás capaz de llorar. Reconócelo. ¡Habla!

- **El amor es sanador**. Siente el amor por ti mismo, honra tus sentimientos para reclamar tu poder. ¡Exprésate! ¿Acaso te sientes culpable por tu sexualidad? ¿Te avergüenzas de tus conductas pasadas? ¿Estás enfadado? Deja de mentirte y toma conciencia de lo que te ha sucedido y de cómo te sientes en realidad.

- **Ama tu cuerpo**. A medida que despejas tus experiencias pasadas y tu energía comienza a expandirse, permite que tu cuerpo sea tu amigo más preciado. Déjalo expresar lo que desea.

- **Sé receptivo** a las necesidades de tu pareja y toma conciencia de tus propias razones. Esta receptividad se manifiesta en ambos sentidos.

BENDICIÓN DE LOS ÁNGELES: REESCRIBE TU DISCO DE ENCARNACIÓN DORADA

Llena tu corazón de amor y alegría.

Deja atrás los trámites y las esperas interminables.

Deja atrás los patrones recurrentes y las creencias que no has sido capaz de descartar.

Deja atrás el miedo y la preocupación, las dudas y los cuestionamientos.

Tu Ser Maestro está aquí, ofreciéndote una alineación total.

Limítate a respirar y relajarte para sentir la integridad y la realización del Ser, la sabiduría infinita y la abundancia. No hay nada más que hacer ni resolver.

No hay ningún esfuerzo ni lucha, únicamente amor y gracia.

Deja que tu corazón se llene de amor y gracia.

Tú has superado las mayores expectativas del cielo en cuanto a todo aquello que se consideró posible cuando naciste.

Tu disco de encarnación dorada se ha actualizado para acrecentar todo lo que es posible.

Tu Ser Maestro engendra sabiduría y orientación, abundancia y plena suficiencia.

Tu Ser Maestro está actualizando tu cuerpo físico, tus células, tus átomos, tus sistemas, tus cuerpos energéticos y tus chakras, ¡incluso el contrato de tu alma!

Te encuentras en una situación en la que hay posibilidades y oportunidades infinitas, amor incondicional y alegría. Supera las limitaciones de tu pensamiento a medida que te transfiguras literalmente en el Ser Maestro que siempre has sido.

Mientras asciendes a la maestría planetaria simultáneamente

desciendes a una vida donde hay más amor. Bienvenido a la bendición de intimidad y amor incondicional de la *iniciación de la Sexta Puerta*.

  EL PEQUEÑO LIBRO DE LA SANACIÓN CON LOS ÁNGELES

14

HE PERDIDO A ALGUIEN A QUIEN AMABA Y ESTOY COMPLETAMENTE DESCONSOLADO

Apenas puedo pensar ni actuar. Mi vida parece vacía. No solamente he perdido a mi amado, sino también a la persona que creo ser. Mostradme la luz.

Tu ángel guardián lidera este equipo de ángeles del consuelo y te ayuda a reconectar con la plenitud de tu propio Ser. Los ángeles de la inmersión te infunden amor y una paz dulce y reconfortante. Un mensaje de los ángeles te trae paz.

La tristeza nos recuerda que hemos aceptado estar limitados a un cuerpo. La conciencia colectiva afirma que cuando nuestros seres queridos fallecen, sencillamente se han marchado. Recuerda que tú eres un ángel en la Tierra. Recuerda que eres mucho más que tu cuerpo y tu personalidad. *Recuerda que en el amor divino todos somos uno. ¡Tú eres un puente hacia el Espíritu!*

En la *iniciación de la Sexta Puerta* tienes la capacidad de ampliar la percepción de tu ser, de las demás personas y de la existencia en general. La tristeza nos brinda la energía de la expansión y la conexión si la percibimos de la forma correcta. La transición de tu ser amado es una invitación a recordar vuestros cuerpos de luz. Recuerda vuestros Seres Maestros. Recuerda vuestra existencia en la eternidad.

Por ser un puente hacia el Espíritu, tu alma se ha consagrado al propósito de irradiar luz sobre la oscuridad del olvido. Tú y tu ser amado habéis convenido que este tiempo de transición es la revelación de que no estamos separados. Ahora es el momento de expandiros para alcanzar la realización plena de vuestros Seres Maestros y llegar mucho más lejos hasta abarcar todo lo que existe. La persona que amas te está indicando el camino.

¿Y qué pasaría si esta etapa de transición pudiera convertirse en una unión extática de amor eterno con tu ser querido? ¡Inhala mientras piensas en ello! Siente el potencial de ese pensamiento. Extiéndete con cada respiración para abrazar tu Hogar. ¡Esta es la *iniciación de la Séptima Puerta!*

ÁNGELES DEL CONSUELO

La función saludable del duelo y la tristeza es crear espacio para tu nueva identidad y tu nueva vida. Los ángeles del consuelo elevan tu conciencia para recordarte a tu Ser Maestro. Un duelo excesivo significa que te has quedado atrapado entre las contingencias de la *Quinta Puerta.* Cuando la aflicción comprime tu corazón y sientes que estás hundiéndote en la tristeza y en la confusión, el ángel de la inmersión te toca el hombro izquierdo.

Reinterpreta tus sentimientos para transformarlos en un profundo amor incondicional que te conduce a un nuevo espacio en el interior de ti mismo. Al principio esta puede parecer una tarea muy dura. Necesitamos todas las herramientas que seamos capaces de conseguir para despertarnos y acoger a nuestro Ser Maestro. La música es una de las más poderosas. Israfel, el ángel de la música, sugiere que escuches *Adagio para cuerdas*, de Samuel Barber, cuando necesites animar tu corazón.

Ooniemme, el ángel de la gratitud, te invita a recordar que el Ser Maestro de la persona amada está siempre contigo. Transforma la energía del duelo y la aflicción en gratitud por este momento de despertar de la conciencia. El ángel de la compañía es el alquimista que transforma el dolor del duelo en el consuelo dorado de dulzura y paz en la presencia eterna de tu ser amado.

Cada vez que estás desconsolado, tu ángel guardián te toca el hombro derecho mientras te dice: «Recuerda que estamos aquí». Respira y relájate. Amplía la conciencia de ti mismo para abarcar la presencia de la persona que amas y de tu equipo de ángeles.

RECETA DE LOS ÁNGELES: RECURRE A LA MEDITACIÓN ESPIRITUAL

Basada en una meditación sobre la respiración de Judith Coates en *Jeshua: The Personal Christ, vol. IV* [Jesús: el Cristo personal, vol. IV]:

- **Respira.** Relájate. Deja que tu pecho se expanda con tu respiración. Siente la paz que te proporciona la respiración.

- **Percíbete como luz.** La luz de tu ser esencial te rodea activando tu cuerpo. Siente la suave luz dorada que hay en torno a ti y que lo ilumina todo.

- **Acércate a la persona que amas.** Respira una vez más y deja que los sentidos interiores de tu cuerpo de luz se extiendan para alcanzar a tu amado.

- **Comunícate con amor.** Deja que tu conocimiento interior se conecte con tu amado a través del amor incondicional. No es necesario pronunciar ninguna palabra. Permaneced juntos en paz y amor. Sois uno con la luz.

- **Habla desde tu corazón.** ¿Qué le diría tu corazón a tu amado? Tu ser más profundo habla con su ser más profundo, y os conectáis como si fuerais una unidad, en comunión, en amor.

- **Escucha.** ¿Qué es lo que te dice tu amado? Recibe el mensaje.

- **Bendice a tu ser amado con tu amor.** Recibe su bendición como respuesta. Debes saber que puedes conectarte y hablar con él en cualquier momento. No existen barreras para la comunicación y para la unión entre ambos.

BENDICIÓN DE LOS ÁNGELES: CANALIZACIÓN DE ANANCHEL EN TODA SU GRACIA

Me he enterado de que los seres humanos a menudo cuestionan el más allá. Estoy aquí para deciros que lo que parecía estar a años luz de distancia es solamente un suspiro y que tus seres queridos no solo están a salvo sino también realmente felices y contentos. Cuando miran hacia abajo desde el cielo todavía pueden ver y sentir tu amor y tu devoción, y saben que anhelas el día en que volverás a verlos. Estoy aquí para deciros que llegará el día en que volveréis a estar juntos. Y esa será una ocasión realmente jubilosa, una ocasión que conectará vuestras almas para toda la eternidad. De manera que cuando pienses en tus seres queridos no te olvides de sonreír. Ellos ven cada sonrisa y escuchan cada plegaria, ya que los corazones de todos los que te esperan en el cielo sienten un profundo amor por ti.

Rev. Cathi Burke, *Americo Michael: Surrounded by Angels*
[Américo Miguel: rodeado por los ángeles]

15
ME ARREPIENTO DE ALGO QUE HE HECHO Y ME SIENTO CULPABLE

Ayudadme a liberarme de esta espantosa sensación de culpa, deshacerme de ella, aprender de la experiencia y convertirme en mejor persona.

Tu experiencia es tu llamada al despertar. Aprende de ella, repara algunas cosas y sigue avanzando. Los ángeles de la trascendencia están presentes con humildad, coraje, perdón y aprecio para cortar las cuerdas de ese pasado y crear contigo una nueva vida con un propósito.

Tú no has nacido para sufrir indefinidamente. Tú te has encarnado por un propósito específico. *Tú eres un aspecto único y poderoso del amor divino.* Tu propósito es tu forma singular de contribuir a la humanidad con tu sabiduría y tu fuerza vital. Tú has venido aquí para ser la voz de la compasión. Tú has venido aquí para traer paz.

Tu experiencia fue diseñada para convertirte en un experto en elevar la energía vibratoria. Eso es lo que hace un pacificador. ¿Te gustaría saber cómo sería la vida sin esta culpa que te atormenta? Eleva tu mente y tu corazón hacia el pensamiento más alto y más puro de lo Divino que hay en ti. Escucha la voz de aliento de tus ángeles. Tu misión de elevar la conciencia de la humanidad comienza por ti mismo.

La física cuántica confirma que todo es energía. Cada emoción vibra con una frecuencia específica. Nuestros sentimientos determinan nuestro nivel de conciencia. Tu vida actual es un reflejo de tu frecuencia pasada. Tú tienes el poder para cambiar.

En su libro *El poder frente a la fuerza*, David Hawkins comparte su forma de concebir la energía, y esto puede ayudarte a identificar en qué punto te encuentras, para poder así elevar tu energía y cambiar tu vida. Hawkins midió los niveles de energía de la conciencia. Por ejemplo, el arrepentimiento corresponde a setenta y cinco, la culpa a treinta y la vergüenza a veinte. Los ángeles vibran a más de mil. Por lo tanto, ¿cómo podemos conectarnos con ellos? Aquí es donde los ángeles entran en escena con la intervención divina.

ÁNGELES DE LA TRASCENDENCIA

El ángel Cerviel te da el coraje necesario para enfrentarte a tu pasado y elevar tu vibración a doscientos, una posición en la que estás empoderado para modificar el concepto que tienes de ti mismo. El ángel de la humildad te enseña a ver lo mejor que hay en ti. La humildad es un estado de apertura donde puedes recibir bondad, amor y gracia. El ángel Stamera te anima a asumir la responsabilidad de tus acciones pasadas. Perdonarte y perdonar a los demás eleva tu energía hasta trescientos cincuenta, y allí el ángel de la trascendencia te muestra cómo desapegarte del pasado. ¡Cambiar tu foco de atención desde la devastación a la valoración eleva tu frecuencia a quinientos! ¿Qué regalos estás descubriendo gracias a esta experiencia? Los ángeles de la comprensión te inspiran para recrearte en una radiante divinidad.

¿Tu propia sanación ya ha concluido? ¿O acaso necesitas rectificar algunos errores con otra persona? Tu equipo de ángeles está cerca de ti mientras le escribes una carta, la llamas por teléfono o te encuentras con ella. En el poder de la verdad, la humildad es fuerza. Tú no necesitas aprobación ni permiso de nadie más que de tu propio Ser.

RECETA DE LOS ÁNGELES: ACTIVACIÓN DE «LA ACELERACIÓN» DEL ARCÁNGEL JOFIEL

«La aceleración» eleva tu energía a más de mil, ¡y a los reinos del cielo!

- **Junta las palmas de tus manos** frente a tu tercer ojo o tu frente. Estamos más cerca de ti que tu propia respiración y los latidos de tu corazón. Somos Uno. Tú eres una parte de nosotros, y nosotros somos una parte de ti. No hay ninguna separación entre nosotros.

- **Respira y siente esta conexión.** Es visceral, física y muy profunda. Los sentidos internos añaden una presencia multidimensional que va más allá de los sentidos físicos; sin embargo, están conectados. Presta atención a todas las cosas, incluso a las sensaciones más pequeñas. Nuestra conexión se produce a través de los indicios más sutiles. Cuando respiras pensando en ellos, florecen y se abren en forma de poderosas transmisiones de energía que te ofrecen orientación, sanación, amor, recursos, abundancia y todo lo que necesitas en la vida para cumplir con la llamada de tu alma.

- **Coloca las puntas de los dedos sobre tu frente**, entre las cejas. Percibe tus sensaciones.
- **Moviliza la piel suavemente** hacia atrás y adelante, y de derecha a izquierda. Percibe cómo te sientes. ¿Qué es lo que cambia?
- **Estira la piel suavemente hacia abajo** en dirección a la nariz. ¿Qué es lo que cambia?
- **Haz pequeños círculos** sobre la frente. Con un movimiento contrario a las agujas del reloj. Observa tus sensaciones.
- **Levanta la piel hacia la izquierda.** Levanta la piel hacia la derecha para formar una «V».
- **Recibe.** Solicita conocer a tu radiante, amoroso, amable, sabio y generoso Ser Maestro.

¿Quieres saber algo más sobre este tema? Visita: www.archangeljophielquickening.info.

BENDICIÓN DE LOS ÁNGELES: MEDITACIÓN SOBRE LAS CREENCIAS

No hay mejor momento que ahora para creer. No es en el futuro cuando llegarás a consolidar tu ser. Cuando te perfeccionarás para ser mejor persona. Cuando tendrás más relaciones afectivas. Creer puede servirte precisamente en este momento en que estás en medio del caos, la confusión y la duda.

Si te limitas a pensar en tus metas y soñar con ellas, nunca las alcanzarás, porque solo serán fantasmas a la deriva en tu imaginación.

Si crees en tu viaje siempre estarás en el camino correcto, pase lo que pase, aun cuando aparentemente haya piedras y rocas que demoran tu progreso. Ten fe en tu capacidad para acceder a la parte Divina que hay en ti, incluso en las épocas en que te sientes culpable y avergonzado. Ten fe en que serás apoyado en cada etapa del camino, a pesar de no saber hacia dónde te diriges, ni cómo llegarás hasta allí.

Apoyado por todo este amor, abraza esta creencia. Confía en que eres capaz de hacerlo. Confía en que lo conseguirás.

Rev. Saxon Knight,
Seraphim Angels: Guide to the Healing Path of Love, Book Two
[Ángeles serafines: guía para el camino de
sanación del amor, libro segundo]

16

¡Me siento muy inquieto!

Nada de lo que hago parece ayudarme. ¡Ya no puedo soportar más! Os ruego que me guiéis en mi búsqueda de la paz.

Sentirse inquieto es un síntoma que indica que tus plegarias han sido contestadas. El ángel de la inmersión te está respondiendo con una afluencia masiva de energía espiritual. En *Angel Love Cards*, escribí: «Cuando te encuentras en un estado de inmersión estás conectado con la inteligencia divina para poder ver la perspectiva general de las situaciones y resolver los problemas de forma creativa. *A través de ti fluye una energía ilimitada que te permite materializar tu propósito.* La inmersión en el amor incondicional estimula la conciencia y te capacita para reconocer las revelaciones, las oportunidades, los recursos, la sanación y las relaciones que los ángeles te conceden para cumplir con tu propósito».

¿Qué has pedido hoy en tus oraciones?

ÁNGELES DEL PODER CREATIVO

Yo solía sufrir ansiedad. Podía llegar a estar tan nerviosa que tenía la sensación de que iba a salirme de mi propia piel. Después de permanecer en ese estado durante varios días llegaba a un punto en el cual estaba llena de rabia y comenzaba a gritar en mi sala de meditación: «¡Qué está pasando! ¡Qué pasa!». No sabía cómo me sentía, no comprendía lo que estaba sucediendo y tampoco tenía ninguna respuesta.

Cierto día, en medio de uno de esos ataques de chillidos tuve una profunda iluminación que cambió mi vida. ¡Estaba malinterpretando mi experiencia! Este ángel me ayudó a comprender que la inquietud es una manifestación de la energía, como también lo son otras emociones. Desde entonces comencé a denominar a esta situación «la agitación inducida por los ángeles». Me preguntaba: «¿Qué es lo que he pedido en mis oraciones?». Y mientras me movía de un lado a otro presa de la agitación, tuve esa iluminación: «Ah, ¡esta *es* la respuesta a mis plegarias!». El ángel de la inmersión me estaba infundiendo una intensa energía espiritual que contenía los recursos que yo necesitaba.

El sistema nervioso recibe el influjo de energía espiritual a través de los chakras. Cuando este sistema recibe más energía de lo normal, reacciona como si lo estuvieran atacando. La primera defensa es la irrupción de la ansiedad y la agitación.

La dirección que debo seguir empieza a fluir por sí sola en cuanto comienzo a cooperar con la afluencia de energía. El arcángel Jofiel dirige mis próximos pasos con su poder creativo para resolver el problema. La energía cambia, y pasa de ser desagradable a convertirse en una unión extática con mi Ser Maestro. Y me siento lleno de gratitud a medida que cambian mis percepciones. Ooniemme expande la energía para ofrecer más oportunidades.

¿Qué pasaría si pudieras modificar tu percepción? La agitación puede transformarse en éxtasis. Tú puedes sentirte como una fuente de alegría que salpica a todos los que te rodean.

RECETA DE LOS ÁNGELES: TRANSFORMAR LA AGITACIÓN A TRAVÉS DE LA MEDITACIÓN EN MOVIMIENTO

Toma las cartas de los ángeles, tu diario, un bolígrafo, agua, y elige música variada.

Sigue esta secuencia:

- **Concéntrate.** ¿Cuál es la situación de tu vida que requiere actualmente tu atención? ¿Qué has pedido en tus oraciones? Identifica cuál es el aspecto emocional más intenso. Toma algunas notas en tu diario.
- **Llama a tu equipo de ángeles.** Utiliza tu imaginación para visualizarlos a tu alrededor ofreciéndote su respaldo amoroso. Deja que una parte profunda de tu ser reciba ese apoyo y se relaje.
- **¡Muévete!** Escucha música *heavy metal*, de percusión o cualquier otra que sea dinámica y potente, y luego muévete a su ritmo desplazándote por la habitación. ¡Exterioriza tus emociones! Pronuncia las palabras que necesitas expresar. Grita con una almohada o una toalla junto a tu cara. No intentes controlarte ni comprender.
- **¡Reza!** Mientras te mueves convierte todo lo que estás experimentando en una conversación semejante a la siguiente: «¡Ángeles, odio esta sensación! Y la odio porque no la entiendo. ¡Cambiad mi percepción para que pueda ver el regalo que estáis intentando darme!».
- **Recibe.** Consigue que tus acciones cambien

de una forma natural para empoderarte. Escucha música diferente para acompañar tu nueva experiencia. Modifica tu conversación de la siguiente forma: «Gracias por esta energía intensa que me brindáis en respuesta a mis plegarias. Guiadme hacia la unión extática con mi Ser Maestro».

- **Sintonízate**. Imagina que eres una radio que está recibiendo señales. La agitación suena como pura estática. ¡Gira el mando para encontrar amor, alegría, paz, coraje, prosperidad y todo lo que necesites! ¿Qué es lo que necesitas para fortalecerte? Encuéntralo. Cambia la música para acompañar tu experiencia.

- **Aplica en tu vida actual la experiencia** de sentirte en calma, conectado, apoyado o abastecido. Visualiza las bendiciones que esta experiencia está aportando a tu vida.

- **Aclara tu propósito**. Una vez que llegues a sentirte en calma de forma natural, siéntate. Escribe las preguntas que tienen el potencial de «conectar los puntos» en tu diario y luego abre tu corazón para recibir respuestas o revelaciones. Por ejemplo: «¿De qué manera esta inmersión en la energía espiritual responde a mis plegarias? Necesito saber cómo resolver un problema, tomar una mejor decisión, o sentirme conectado con...». Escribe sobre lo que sabes, percibes, sientes, escuchas, comprendes o ves. Si tienes las cartas de los ángeles, saca una (o más) para tener más claro cuáles serán tus próximos pasos.

- **Sé agradecido**. Apóyate en esta experiencia sincera y completa. Imagina tu equipo de ángeles precediéndote en la vida, preparando el camino para la experiencia más maravillosa de sentirte amado, guiado y apoyado. Escribe algunas notas en tu diario sobre la experiencia que has tenido con la gratitud.

BENDICIÓN DE LOS ÁNGELES: LA DULZURA DE LA AFIRMACIÓN DEL AMOR DIVINO

Ahora no tengo motivo para sentir ansiedad.

Estoy profundamente inmerso en el amor divino, el éxtasis, la paz, la prosperidad, la abundancia y la sabiduría.

Dedico tiempo a sintonizarme conmigo mismo y a recibir lo que los ángeles me proporcionan en cada momento.

Inhalo la energía divina enviada en respuesta a mis plegarias.

Exhalo gratitud y satisfacción.

La vida es positiva.

Estoy agradecido por todo lo que recibo: comprensión, orientación, consuelo, aliento y ¡TODO LO DEMÁS!

Al inhalar, recibo.

Al exhalar, la gratitud fluye a través de mí.

Es el círculo de la vida, dar y recibir.

Que así sea.

17

¡AYUDADME A SALIR DE LA MONTAÑA RUSA DE LA POBREZA!

Al parecer no consigo abandonar el ciclo de «comilona o hambruna». Me siento como un pozo sin fondo. Ayudadme a acabar con este ciclo de pobreza y abrirme a la prosperidad.

Independientemente de todo lo que poseyera, nunca parecía ser suficiente. Yo recreaba esta escena una y otra vez, incapaz de liberarme de ese patrón de conducta. Los ángeles de la abundancia revelan viejas creencias que perpetúan la pobreza de la conciencia y del bolsillo, y luego proporcionan el elixir dorado para que podamos abrirnos a la abundancia y los milagros.

La intervención divina me puso en las manos el libro *Emergence: The Shift from Ego to Essence* [Emergencia: el cambio del ego a la esencia], de Barbara Marx Hubbard. Barbara escribió: «Cuando acompañamos las carencias hasta lo más profundo que sea posible [...], dejamos que nuestro yo comunitario descubra que la satisfacción que está buscando ya está presente en el Amado».

A pesar de haber reflexionado sobre esta idea, nunca había sido capaz de experimentarla. Decidí seguir las instrucciones de Barbara para hacer una meditación destinada a modificar la propia vida, y entonces descubrí que *el suministro infinito es una cualidad de mi Ser Maestro divino.* Bajo la protección del Amado, siento que me convierto en el suministro infinito. Además de tener acceso a él, yo misma me he convertido en el suministro infinito. Cualquier cosa que necesito y busco ya me ha sido otorgada a través del Amado.

Inmediatamente después de vivir esa experiencia me sentí confusa. Al parecer todo había cambiado, y al mismo tiempo nada había cambiado. Seguía teniendo las mismas facturas que pagar y poco dinero en efectivo. Una voz interior me dijo: «Para. Respira. Relájate pensando en el Amado». ¡Y cuando lo hice, los ángeles de la abundancia retiraron el velo y pude ver la magia!

ÁNGELES DE LA ABUNDANCIA

La ansiedad se transformó en una puerta hacia el suministro infinito bajo la protección de mi Ser Maestro. Pude ver que cada vez que me quejaba de no tener suficiente dinero, esa sensación me estaba empujando hacia la experiencia de sentir mi propio ser como un campo creativo. La conexión entre mis creencias y la situación de mi vida se aclaró. No se trataba de un problema con el dinero, sino de un problema conmigo misma. Los ángeles del valor te guían para que veas las carencias de la vida como oportunidades para transformarte en el suministro infinito cada vez que sientas ansiedad.

Yo nunca podría conseguir hacer lo que me solicitan. ¡Pero mi Ser Amado puede lograrlo con su sabiduría y suministro infinitos! Las soluciones y los recursos se tornan cada vez más claros a medida que mi Ser Maestro se manifiesta cada vez con mayor frecuencia a través de mí, acogiendo a los seres limitados que no consiguen cumplir con las tareas que les son encomendadas. ¡Es verdad! Todo lo que necesito y lo que estoy buscando ya me ha sido facilitado a través de mi Ser Amado. El ángel Fortunata te recuerda que invoques la prosperidad interior cuando tengas necesidades. Concéntrate en la abundancia que tienes ahora y en la forma en que dicha abundancia beneficia a otras personas.

Por primera vez me siento respaldada. El Ser Maestro reside en mi interior. Me convierto en la expresión de la esencia divina en el mundo. *Soy* el suministro infinito. Los ángeles de la trascendencia te ayudan a «parar, respirar y convertir todas las cosas en una oportunidad divina» cuando te olvidas de lo que eres. Los ángeles de la satisfacción te guían para que puedas crear riqueza añadiendo valor a todo lo que haces para ayudar a tu comunidad. ¿Qué es lo que deseas compartir? Presta atención al hecho de que tú ya posees lo que necesitas, y si quieres más es para ayudar a otras personas.

RECETA DE LOS ÁNGELES: EL ELIXIR DORADO

Adaptado del *el enfoque diamante*, que Barbara Marx Hubbard expone en su libro *Emergence: The Shift from Ego to Essence*.

- **Respira** hacia tu corazón. Invita a la Esencia Divina a que habite plenamente en ti a través del amor que hay en tu corazón.
- **Siente cómo la luz de la presencia** brilla sobre ti. ¿Puedes sentir su reconfortante abrazo?
- **Sé amor**. Irradia la luz del amor divino. Irradia la presencia interior del amor sobre la parte del Ser que está sufriendo.
- **Concéntrate** en una carencia.
- **Experimenta** la herida que te produce dolor y los recuerdos conectados con ella.
- **Ábrete** para sentir, sin detenerte a pensar en cómo solucionar tu problema.
- **Deja** que se exprese abiertamente y sin ningún juicio.
- **Invita** al Ser Limitado a guiarte con precisión hacia la cualidad que has estado buscando.
- **Afirma tu presencia** en esa cualidad a medida que el elixir dorado fluye a través de ella para sanarte y para llenar el vacío con una dulce plenitud que derrite el corazón.
- **Absorbe la bondad** que borra tus miedos y tus antiguos patrones de conducta.
- **Recibe una infusión** de esta esencia hasta que te sientas satisfecho.
- **Pide a tu ángel** que sea tu guía y que te proporcione el conocimiento o el mensaje que necesitas.
- **Permanece** en la esencia de la satisfacción y del suministro infinito.

BENDICIÓN DE LOS ÁNGELES: EL BIENAMADO ARCÁNGEL CHAMUEL

EL AMOR es el poder de la creación.

Tú estás destinado a ser el cocreador del amor.

Tú has sido elegido para expandirte con amor.

Tú estás destinado a convertirte en la gran Presencia del amor que ya eres.

El poder del amor divino ya fluye a través de ti.

Tú estás hecho de amor, eres guiado por el amor, inspirado por el amor, nutrido por el amor, motivado por el amor.

El amor proporciona todas las cosas, reside en todos los seres vivos.

¡Eres tú! Tú eres amor.

Sé en el amor.

Sé AMADO.

Todo en la vida te ha conducido hasta este momento.

Solicita a tus creencias sobre la limitación que te conduzcan hacia el suministro infinito.

Tus historias de «nunca tengo lo que necesito» te llevan hasta los recursos que están esperándote.

En verdad, tú eres la máxima autoridad de la cocreación.

Tú eres el BIENAMADO.

18
¡No soy obstinado!

Me avergüenza admitir que mi propio movimiento interior se está estancando. No estoy aprovechando las oportunidades para probar nuevas técnicas o investigar nuevas formas de pensamiento.

Desde hace semanas me duelen las rodillas. He buscado lo que significa el dolor de rodillas en el libro *Usted puede sanar su vida*, de Louise Hay. He tenido el placer de verla en persona varias veces. Cuando me firmó su libro, escribió «El amor cura». Bajo el epígrafe «Problemas con las rodillas», Louise indicó: «Ego obstinado y orgullo. Incapacidad para doblegarse. Miedo, falta de flexibilidad. No se rinde». Mi primera reacción fue: «¡Yo no tengo un ego obstinado!».

Pero efectivamente así era. Mi ego obstinado se reveló por sí mismo de inmediato. La pregunta de oro era: «¿Con respecto a qué soy obstinada?». Cuando sentimos curiosidad el problema se manifiesta para decirnos: «¡Yo! ¡Yo! ¡Eso es!». *Cuando la luz de la conciencia brilla sobre el viejo patrón de conducta, este produce destellos y ruega encarecidamente: «¡Déjame ir!».* ¡El mismo patrón está cansado de sí mismo! Abandonemos el miedo de hacer las cosas mal, de apartarnos del camino o de decepcionar a otra persona.

¡Lealtad! El problema se reduce esencialmente a mi idea equivocada de la lealtad. Soy muy leal a las personas, las creencias y las normas que crean una red o una estructura segura a mi alrededor. Si yo creo en esto o hago aquello, entonces me siento segura y conectada… Si ahora esto, luego aquello. Suena como un programa informático.

Esta forma de pensar y de vivir me impide investigar. No leo libros, no asisto a cursos, ni pruebo cosas nuevas. Soy leal a una forma de yoga, a un autor o a un maestro. No quiero desviarme de un protocolo de alimentación ni de una rutina que he adoptado para cuidar mi salud. No me aventuro más allá de la zona de seguridad que he creado para mí misma. Todo eso me ha conducido a la obstinación y al estancamiento.

¡Juicio! Otro componente es emitir un juicio que no esté basado en ninguna información. Sin saber absolutamente nada sobre otros autores, estilos de alimentación, creencias u oportunidades, considero que lo que yo hago es mucho mejor. Con esta actitud y mentalidad, nada me despierta curiosidad. No leo ni pruebo cosas nuevas. El hecho de ser leal al camino que yo considero que es el verdadero me ha producido problemas de salud, obstinación y estancamiento.

¡Lee el libro! ¡Acércate al maestro! ¡Prueba una nueva forma de alimentarte o un nuevo estilo de yoga! ¡Habla con la amiga que ha estado intentando compartir contigo un nuevo interés o práctica! ¡Despierta tu curiosidad e investiga!

ÁNGELES CON CAPACIDAD PARA RESPONDER

Cuando tomas conciencia de que estás estancado debido a tu obstinación, tus ángeles te escoltan hacia un estado más flexible, a una disposición más amable y distendida gracias a la cual tienes la capacidad de reaccionar frente a los cambios de la vida.

El arcángel Miguel protege tu destino espiritual. La obstinación crea una sensación de protección distorsionada que conlleva creencias desactualizadas y conductas dañinas. Miguel te conduce literalmente a deshacerte de las limitaciones que tú mismo te impones, limitaciones que te bloquean y te impiden avanzar en tu camino espiritual. El resultado es una buena disposición que te hace sentir seguro fluyendo con los cambios de la vida.

El ángel de la iluminación pone de manifiesto la obstinación haciendo brillar la luz del amor sobre los aspectos que te mantienen bloqueado. Entonces surgen nuevas oportunidades que te brindan más alegría y capacidad de expresión.

El ángel de la pasión te guía para que veas la situación desde una perspectiva curiosa y flexible. ¿Qué es lo más importante para ti? Disfruta probando nuevas opciones. Aprovecha las oportunidades. Deja que tus pasiones se descontrolen mientras recreas tu vida para servir a tu propósito superior.

El ángel Charmiene pone ante ti nuevas personas, ideas y posibilidades que te ayudan a estar en armonía con tu verdadera esencia.

RECETA DE LOS ÁNGELES: ¿QUÉ ES LO MÁS IMPORTANTE?

- **Respira** hacia tu corazón y tu alma.
- **¿Qué es lo más importante** para ti?
- **¿Qué pasaría** si tuvieras el tiempo, el dinero, el equipo de apoyo, la tecnología, las oportunidades y las conexiones para materializar tus mayores visiones? ¿Qué pasaría si nada pudiera detenerte ni demorarte? ¿Qué pasaría si tuvieras todo lo que necesitas para cambiar el mundo? ¿Qué es lo que crearías? ¿Qué es lo que harías? ¿Qué es lo más importante?
- **¿Quién es más importante?** Observando la situación desde una perspectiva más sombría, ¿qué pasaría si el mundo tal como lo conoces se acabara en un plazo de diez años? ¿Qué es lo más significativo que desearías experimentar y expresar a otras personas importantes entre el día de hoy y la fecha final?
- **Entra en acción.** ¿Qué es lo que puedes hacer *ahora* en relación con todo eso?

Apunta en tu diario todo lo que entiendes ahora sobre tus dificultades. Vuelve a estas preguntas con frecuencia para analizarlas desde perspectivas diferentes. Toma nota de hasta qué punto tu obstinación puede afectar a tu capacidad para desarrollar tu pasión más profunda. Encuentra una forma de ser más flexible, amable, y de tener mejor disposición. Cada día ocúpate de hacer una sola cosa que te guíe hacia tu pasión.

BENDICIÓN DE LOS ÁNGELES: TU SER GLORIOSO

Tú eres el hacedor de milagros.

Tú eres la gracia.

Tú eres la bendición y tú das la bendición.

¡Sé tú mismo!

¡Tu verdadero ser!

¡Tu ser glorioso!

Sé radiante.

Sé amor. Sé alegría.

Sé abundancia y prosperidad.

Permanece en paz.

Estamos aquí.

Siempre estamos contigo.

¡Tenemos mucho para ofrecerte!

Recibe.

19

¡Estoy bloqueado! ¿Cómo puedo desempeñarme mejor en la vida?

Ninguno de mis antiguos patrones de conducta es efectivo. ¡Menos mal, y gracias a Dios! He sido empujado hacia un espacio incómodo para poder recibir el mensaje superior que hay dentro de mí: creer y tener fe, los ángeles están conmigo. ¿Cómo puedo trabajar con mis ángeles?

¡Alégrate! A medida que entras en la *iniciación de la Cuarta Puerta* experimentas que tu identidad se expande. Tu identidad anterior y tus formas de vivir antiguas se disuelven para que tu Ser Maestro pueda guiarte. El malestar se convierte en el terreno fértil de la creatividad. Y lo mejor de todo es que tú sientes la profunda llamada de dar un servicio desinteresado, que aumenta cada día para poder ofrecer las cualidades esenciales de tu alma y demás regalos a quienes te rodean.

¿CUÁL ES LA OPORTUNIDAD HOY?

Cuando necesites que alguien te oriente, respira y dirige tu conciencia hacia tu interior. Los ángeles se anuncian a través de sensaciones de hormigueo y vibraciones. Los hormigueos, esas sensaciones que producen energía en movimiento, son sencillamente eso, energía en movimiento. Tus ángeles están aumentando el fluir del amor divino. Cuando sientas un hormigueo en una parte de tu cuerpo, concéntrate en ella con amor. La energía del amor está aclarando, alineando y equilibrando un «registro» alojado en esa zona.

Los «registros» son la historia energética de una experiencia, decisión, creencia o acción. Al infundir nueva energía amorosa en uno de esos registros nos liberamos del pasado. El espacio queda vacante para que un nuevo registro lo sustituya. ¿Cuál será tu nuevo registro? ¿Puedes mantener un enfoque de alineación, equilibrio y plenitud? ¿Puedes visualizar una realidad de abundancia?

ÁNGELES DE LA OPORTUNIDAD

El arcángel Jofiel utiliza el poder creativo para extraer oportunidades de tu plan divino. ¿Qué es lo que no te gusta y de lo que desearías deshacerte? (El malestar que te produce sentirte desconectado del Espíritu). ¿Qué es lo que quieres? (Manifestar las visiones que amplían el servicio y la Presencia Divina).

Cuando enfocas tu atención en cosas que no deseas (desconexión), no haces más que perpetuarlas. Cuando te concentras en visualizar las cosas que quieres (conexión), toman forma y se manifiestan.

El arcángel Metatrón se centra en el pensamiento. Es muy útil comprender los desafíos y los problemas porque esto aporta claridad; sin embargo, el siguiente paso es esencial. ¿Te concentrarás

     El pequeño libro de la sanación con los ángeles

exclusivamente en lo que está mal? ¿Dedicarás toda tu vida a revivir el trauma? ¿O estás preparado para un cambio significativo que te ayudará a pasar al Campo de la Creación Unificada?

Jofiel y Metatrón caminan de la mano junto a ti, ayudándote a apartarte de los viejos hábitos que perpetúan los problemas y el sufrimiento. Cuando surjan pensamientos opuestos, identifícalos. Enfoca el pensamiento echando mano de una manta acogedora y cálida, y una taza de cacao caliente. Envuelve el pensamiento con esa manta de consuelo y al mismo tiempo bebe tu taza de cacao. Pregunta: «¿Qué es lo que quieres que yo sepa? ¿Cómo puedo cuidarte mejor?».

El ángel Remliel aconseja: «Sé compasivo contigo mismo. Toma la decisión de liberarte del pasado. El plazo ya se ha cumplido. Todas las deudas están pagadas. Todos los karmas están resueltos. Eres libre para seguir avanzando». El ángel Zachariel preguntaba: «¿Puedes rendirte a la salud? ¿Puedes rendirte al amor y a la alegría? ¿Puedes rendirte a un mayor asombro, empoderamiento, gloria y magnificencia, que jamás creíste que fueran posibles?».

¿Cuál es la oportunidad hoy? ¿Cómo puedes respirar y elevarte hacia la luz? ¿Puedes confiar, permitir y expandirte? ¿Puedes recibir y pasar a la acción?

RECETA DE LOS ÁNGELES: EL CAMPO UNIFICADO DEL PODER CREATIVO

- **Reconoce** qué aspecto de tu vida necesita un ajuste (desconexión).
- **Concéntrate en** el poder creativo (mayor servicio y mayor visibilidad a través de la conexión).
- **Recuerda** una época en la que... (me sentía íntimamente conectado con los ángeles, ¡y era cocreador de la flexibilidad y la energía!).
- **¡Respira** hacia esa energía, posibilidad y oportunidad!
- **Metatrón te eleva** al Séptimo Reino de la Cocreatividad, donde reside el Creador.
- **Conéctate** con el plan divino de tu propia persona; el ADN de óptima salud para tu cuerpo, mente, corazón, espíritu y vida.
- **Aplica** ese plan a tu energía corporal actual.
- **Alinea** tus células con ese patrón de perfección para atender la llamada de tu alma.
- **Permite** que tu cuerpo cambie instantáneamente para adoptar este patrón de perfección.
- **Respira** pletórico de alegría, vitalidad, posibilidades y acción extática.
- **Concéntrate** en esta oportunidad.

BENDICIÓN DE LOS ÁNGELES: ABANDONAR LAS ILUSIONES QUE TE IMPIDEN CRECER

arcángel Metatrón, te invoco ahora para que me ayudes a alinearme con mi verdad interior.

Ayúdame a convocar a los ángeles y a seguir mi guía divina.

Expulso de mi vida todos los pensamientos negativos y atravieso las ilusiones que mi ego ha creado para evitar mi crecimiento.

Acepto este conocimiento y permito que mi propia magnificencia fluya a través de mis venas, reemplazando todas las ilusiones y los pensamientos negativos por la pureza y el amor de mi alma.

Muéstrame el camino mientras me alineo con la voluntad de Dios en mi vida; y cuando no hay camino, los milagros acontecen y el camino es revelado.

Las ilusiones que en otra época me sirvieron se están desintegrando y desapareciendo de mi vista. Mi esencia es tan pura y sagrada como la de un recién nacido, y a medida que me entrego a esta verdad no hay nada que no pueda hacer, ser o tener.

Ahora solo existe el amor. Solamente el amor. Gracias, arcángel Metatrón, por ayudarme a recordar quién soy y por qué he venido aquí.

Esto es así por la gracia de Dios.

Gracias. Gracias. Gracias.

Julie Geigle, *365 Days of Angel Prayers*

20

¿CÓMO PUEDO EXPRESAR EL PROPÓSITO DE MI ALMA?

Estoy preguntándome cómo puedo ofrecer un mejor servicio, más beneficio y más valor a mi Divina Fuente. Quiero estar en una posición que me permita ayudar a los demás para cumplir con mi plan divino.

Tú eres un aspecto único y poderoso del amor divino y de la verdad eterna. La llamada de tu alma es la única forma de contribuir con la humanidad y con toda la creación, con una combinación de tu sabiduría y tu fuerza vital. *¿Cuál es el mensaje que has venido a compartir?*

Tú eres un faro de luz en la oscuridad. Tú eres las manos del amor y la voz de la compasión. Tú estás aquí para unirte a otras personas. Tú has venido para traer paz.

LOS SUPERPODERES DE LOS ÁNGELES

El arcángel Gabriel te enseña a estar conectado con el Espíritu *a cada instante.* El Espíritu lo abarca todo, y eso incluye a los ángeles, a Dios, al amor divino ¡y a ti! Tu esencia es amor divino. Micah, el ángel del plan divino, te proporciona el acceso a tu código de genialidad. Recibe la guía y los recursos que están preparados para ti, y disponte a fluir a través de tu mente divina, tus manos de luz y tu corazón lleno de amor. Tus ángeles guían cada uno de tus pensamientos y cada una de las acciones, interacciones y situaciones de tu vida.

¡Conoce tu Ser! El ángel Remiel activa tus superpoderes de ángel a medida que tú los llamas a participar en tu vida cotidiana. Ellos son las cualidades de tu Ser Maestro:

- Paz en cualquier situación.
- Alegría, cualesquiera sean las circunstancias de la vida.
- Amor incondicional frente a los conflictos y desafíos.
- Fe inquebrantable.
- Confianza en el poder y la presencia del Espíritu como la fuerza que guía tu vida.
- Compasión por el sufrimiento de otra persona.
- Generosidad con tu tiempo, sabiduría, energía, amor y todas las cosas que necesitas, incluso cuando parece que no tienes nada para ofrecer. Tu Ser es tu mayor don.
- Fortaleza, determinación y coraje cuando la tierra comienza a temblar bajo tus pies ante un cambio inminente.
- Implacabilidad. Buscar la verdad y el amor en todas las situaciones, a sabiendas de que una posibilidad superior está esperando ser descubierta.

¿CÓMO SE TRADUCEN ESTAS CUALIDADES EN LA LLAMADA DE TU ALMA?

La llamada de tu alma es tu credo para la vida, tu pasión y tu propósito. Puede resumirse en unas pocas palabras que propagan las cualidades de tu alma. Este mensaje hace latir tu corazón, fluye a través de tu sangre y da vida a cada momento. Aunque sea invisible para ti, este mensaje resplandece intensamente invocando a tu tribu.

Somos atraídos por la luz que vemos en nuestras almas gemelas. Cuando nos unimos esa luz se acrecienta y experimentamos una comunión cocreativa. Nos necesitamos mutuamente para activar nuestra genialidad y empoderar juntos la expresión creativa del propósito de nuestras almas.

¿CUÁL ES TU MENSAJE?

Las palabras de tu mensaje están codificadas en un idioma de luz y una geometría sagrada con el fin de activar una serie de acontecimientos que van a sorprenderte. ¡Eres necesario! ¡Tu amor y tu luz son necesarios *ahora*! Es hora de que los trabajadores de la luz se levanten al unísono para decir: «¡Amaos los unos a los otros!». Bienvenidos a la *iniciación de la Séptima Puerta*, que transfiere la autoridad a tu Ser Maestro.

RECETA DE LOS ÁNGELES: EMPODERA EL MENSAJE DEL PROPÓSITO DE TU ALMA

Practica esta meditación cada mañana para elegir un servicio mayor:

- **Respira** hacia tu corazón para sentir el amor que reside dentro de ti. Tu corazón lleno de amor es la puerta hacia tu alma y hacia todas las fuerzas de la creación.

- **Activa tu código de genialidad** expresando tu mensaje. Siente a Micah, el ángel del plan divino, junto a tu hombro derecho, inspirándote, guiándote y empoderándote. Sintonízate con el arcángel Gabriel, que se encuentra junto a tu hombro izquierdo. Abre tu corazón a Remiel, que te ofrece el conocimiento necesario para tus próximos pasos.

- **Invoca a tu plan divino.** Los bloqueos y los obstáculos se desvanecen. ¡Ahora es el momento!

- **Invoca a tu poder** para crear desde el amor. Invoca a tus dones sanadores. Invoca a la abundancia necesaria para manifestar el propósito de tu alma. ¡Ya está en posición, preparada para volcarse en tu corazón y en tus manos con el propósito de manifestarse! El amor, el dinero, el apoyo, las habilidades, la

comunidad, las bendiciones y la orientación están ahora a tu disposición. ¡Di *sí!*

- **Activa tu plan divino.** ¡Pronuncia tu mensaje en voz alta! Siente la energía mezclándose con el poder y el conocimiento de las palabras. Imagina cómo la vibración de tu mensaje se irradia hacia el exterior para bendecirte a ti, a tu familia, a tus amigos y a tu comunidad. ¡Difunde el beneficio de tu mensaje para que llegue a toda tu ciudad, al estado, al país, al planeta y al multiverso* que hay más allá!

- **Abre tu corazón y tu mente** para recibir los siguientes pasos. Apunta en tu diario que quieres recibir palabras que te guíen y la energía de los recursos que necesitas para cumplir con el propósito de tu alma. Entonces, ¡puedes ponerte manos a la obra!

---

* N. de la T.: *Multiverso* es un término usado para definir el conjunto de los universos existentes.

BENDICIÓN DE LOS ÁNGELES: EXPRESA TU MENSAJE DE AMOR

Necesitamos que brilles AHORA

radiantemente con la luz reluciente

del amor divino.

Necesitamos que utilices tus manos sanadoras y pronuncies tu mensaje de amor.

Necesitamos que seas la Presencia de la Paz y la cordura en medio de la locura.

Te necesitamos para CONFIAR en que existe un plan superior que está desarrollándose para la humanidad a medida que las instituciones y las creencias se tambalean.

Te necesitamos en la Carretera Superior del Amor como un faro de la Verdad para nuestra familia, nuestros amigos y nuestra comunidad.

¡Te amamos!

¡Te honramos!

Te respetamos.

¡Admiramos tu coraje!

Somos tus humildes servidores y te amamos profundamente.

¡Nosotros somos TÚ, y tú eres NOSOTROS!

¿Quieres tener más información sobre este tema? Visita www.WorkingWithAngels.info.

21

ABRID MI CORAZÓN AL AMOR

Percibo el amor y el consuelo de los ángeles. ¡Me siento tan bendecido! ¡Abrid un poco más mi corazón! ¿Cómo puedo transitar la vida bajo vuestro abrazo de protección?

La Madre María, reina de los ángeles, dirige a los ángeles de la gracia para revelar que bendecir a otras personas abre el corazón y la vida para poder recibir más amor. Chamuel, el ángel de la adoración, fomenta el amor por uno mismo y el amor profundo por los demás a través de las bendiciones y la gracia. La *iniciación de la Quinta Puerta* te ha invitado a anclar la fuente del amor divino en tu vida cotidiana.

El reverendo Jodi Cross recibió un mensaje de Dios durante su formación en el Ministerio de los ángeles. El mensaje decía: «Ofrece a tu corazón el don de la vida, llenándolo de amor incondicional. Déjalo fluir y llenar tu propia vida para que puedas ofrecer tu amor a otras personas y permitir que su amor brille de una forma tan radiante como el tuyo». La Madre María me ha guiado para que eso formara parte de *Bring the People Back to My Love: Rosary for the Children of Light* [Haz que las personas retornen a mi amor: rosario para los niños de luz].

ÁNGELES DE LA GRACIA

Al preguntar cómo puedes caminar por la vida bajo el abrazo del amor, te has alineado con la invitación de la Madre María. Chamuel, el ángel de la adoración, afirmó que cuando empezamos a despertar nos reunimos en el amor. El amor es el campo de la cocreación.

Cuando cantamos la misma nota, vibramos en la misma frecuencia. Somos Uno en la armonía del amor. Todos los aspectos del Ser se alinean en la canción de la creación.

El amor divino desciende de tu Ser Maestro a través de tu alma y tu personalidad. Amarushaya, el ángel de las bendiciones, te invita a agradecer todas tus experiencias pasadas por haberte conducido hasta este momento de tu encarnación *como* divinidad. Siéntete transformado, nuevo y radiantemente poderoso en la divinidad del Ser Sagrado. Tú *eres* la bendición.

Has invitado al Ser Sagrado a encarnarse en tu cuerpo físico. El Ser Sagrado ha aceptado tu invitación. El Ser Sagrado respira hacia el alma. La estrella del alma (ver el capítulo tres) se expande para contener la presencia brillante de la Divinidad. Siente la tibieza de esta luz que brilla sobre tu rostro, iluminando la galaxia. La estrella del alma vierte su presencia sobre ti a través de tu chakra corona y desciende por la columna vertebral a través del sistema nervioso para dirigirse hacia los huesos, los músculos, las glándulas y los órganos. Cada célula de tu cuerpo físico es sanada, alineada, iluminada, activada con amor puro.

Ananchel, el ángel de la gracia, sonríe cuando el Padre Celestial y la Santa Madre se reúnen en el templo sagrado de tu cuerpo y de tu vida terrenal. La Divinidad está plenamente encarnada en ti. El Ser Sagrado ha descendido hasta la materia. Tu personalidad ha sido elevada a la Divinidad. ¡La labor se ha consumado!

RECETA DE LOS ÁNGELES: ADORACIÓN DEL ARCÁNGEL CHAMUEL Y ACTIVACIÓN DE LA VALÍA PERSONAL

- **Coloca una mano sobre tu ombligo.** Mueve suavemente la piel en pequeños círculos contrarios a las agujas del reloj. Chamuel está activando una faceta del chakra del sacro que fomenta tu autovaloración. Abandona las viejas creencias que te han hecho sentir abandonado, no amado, solo, indigno, castigado, avergonzado, resentido, crítico y temeroso.

- **¡Actualízate!** Chamuel está actualizando el contrato de tu alma, permitiendo que te expandas para alcanzar nuevos estados del ser. Corre alegremente hacia los brazos del amor divino. Tú eres valioso.

- **Coloca la otra mano sobre la parte superior de tu corazón,** justo por debajo de la clavícula. Mueve suavemente la piel en pequeños círculos contrarios a las agujas del reloj para activar este chakra. Una faceta del corazón está abriéndose a la adoración. ¿Puedes sentir lo adorado que eres?

- **Unifícate con el amor infinito.** Pon una mano sobre tu ombligo y mueve suavemente la piel formando un pequeño círculo contrario a las agujas del reloj. Pon la otra mano sobre la parte superior de tu corazón y mueve otra vez suavemente la piel formando un pequeño círculo contrario a las agujas del reloj, formando un ocho. Repite varias veces estos movimientos, sintiendo cómo se conecta la energía del chakra del sacro con la del chakra del corazón con un amor infinito.

- **Siente el amor** que fluye. Este es el matrimonio entre el Valor y la Adoración. Los viejos paradigmas son liberados para que la verdad pueda arraigar en ti y florecer. Esta verdad es amor, alegría, paz, satisfacción, entusiasmo, compasión y otras cualidades de tu Ser Maestro.
- **Vive cada día** guiado por tu corazón, eligiendo el amor y valorando tu conexión con las personas, el Espíritu y el amor. Que así sea.

¿Quieres más información sobre este tema? Visita www.ArchangelChamuelActivation.info.

BENDICIÓN DE LOS ÁNGELES: ORACIÓN DEL ARCÁNGEL CHAMUEL POR EL AMOR HACIA UNO MISMO Y LA ACEPTACIÓN

Bienamado arcángel Chamuel, enséñame a amarme y aceptarme desde dentro hacia fuera, verme a mí mismo tal como tú me ves.

Tú, el que posee la octava más alta y más pura del amor y la adoración, por favor infunde cada capa de mi ser con tus rayos de amor incondicional y aceptación, de color rosa dorado.

Haz que brillen en cada célula de mi cuerpo para que yo pueda aprender cómo tratar este templo con respeto y ternura.

Purifica mi mente y mis emociones, liberándolas de autocrítica, negligencia y expectativas severas, para rendirme así a la paz que brinda un corazón abierto y confiado.

Envuélveme con tus brazos, rodea las partes repudiadas y dolientes de mi ser, pues bajo el calor de tu abrazo compasivo puede producirse una reunión sanadora.

Haz que se manifieste mi derecho a la perfección en mi interior y libérame de la necesidad de buscar fuera de mí la valoración de mi propio ser.

Empodérame con un amor intenso e inquebrantable para que sea capaz de honrar mi propia autenticidad y considerarla como una joya rara y preciosa.

Glorioso Chamuel, agradezco tu presencia radiante en mi vida, y la gozosa seguridad que brindas a mi corazón y mi alma.

Bendito seas mil veces.

Amén.

Rev. Bobbe Bramson, 365 Days of Angel Prayers

22
¡Estoy lleno de rabia!

Me siento una víctima por la forma en que he sido tratado en esta situación.

Con frecuencia sentimos rabia cuando alguien traspasa nuestros límites invisibles. Nos sentimos víctimas. Este tipo de experiencia te lleva a descubrir las cualidades de tu alma, que son la dignidad, la fortaleza, el coraje y la determinación.

La ira es una forma de oscuridad que simplemente indica una carencia de amor. Es una confusión respecto del mérito propio. Al amar lo que parece no merecer amor, estás iluminando la oscuridad. No ames la oscuridad por sí misma; no ames la crueldad y el mal comportamiento. Por el contrario, ámate a ti mismo y al Ser verdadero que está perdido bajo una capa superficial de dolor y miedo.

La vida presenta oportunidades para iluminar el miedo y el sufrimiento con la luz del amor. La ira es dolor. La culpa, la vergüenza, la amargura, el resentimiento, la crueldad y el acoso encubren el profundo dolor de sentirse indigno y el miedo que se oculta detrás de una mala conducta.

ÁNGELES DE LA PAZ

El arcángel Miguel te ofrece los primeros auxilios ante una crisis cobijándote bajo su protección. ¿Te sientes seguro en la vida? ¿Te sientes a salvo en tu interior? Tú eres un poderoso Hijo de la Luz. Tienes derecho a recibir amor, respeto y apoyo. La activación de la seguridad de Miguel te ayudará a sentirte empoderado por el fluir de la energía divina pura.

¿Te amas y te valoras? Cada vez que te sientes una víctima, el ángel del valor te conduce hacia el amor incondicional. En cuanto te sientes seguro y valioso, el ángel de la paz te guía para que hagas brillar la luz del amor incondicional en los corazones de los que sufren. Libérate de la rabia y alcanza un estado de paz.

Eso es lo que hacen los ángeles. Ven más allá de la conducta y las creencias que están en la superficie y llegan hasta el corazón que late por debajo de ellas. Libera tu alma de la prisión del sufrimiento a través del amor compasivo, para que sea sanada bajo la luz del amor divino.

Es probable que mientras tu personalidad comienza a reaccionar todavía sigas teniendo algunas opiniones críticas y otros sentimientos naturales humanos. El ángel Stamera te invita a elevar tus pensamientos hacia el Todopoderoso y el amor divino, convocando a la Presencia para que haga el trabajo de perdonar y restablecer el equilibrio. Esta es la magia de los ángeles, la alquimia. Tú no necesitas ser perfecto, ni estar plenamente iluminado, ni ser ascendido. Tú no necesitas perdonar personalmente lo imperdonable. Tú no necesitas estar de acuerdo, resignarte, ni someterte a formas de pensar diferentes a las tuyas.

Los ángeles te muestran la forma de respetar y aceptar tus diferencias. Invita a la luz del amor incondicional a iluminar la situación para que todos los implicados en ella sean un factor de cambio y obren la alquimia de la transformación. Cada uno de nosotros es único, tanto en el cielo como en la Tierra. ¡Nuestras perspectivas singulares ofrecen a la creación una miríada de variaciones espectacular!

Respeta la singularidad. Acepta la diversidad. Atesora el don de la vida en todas sus formas. Este es tu destino con los ángeles.

RECETA DE LOS ÁNGELES: ACTIVACIÓN DE LA SEGURIDAD DEL ARCÁNGEL MIGUEL

- **Localiza tu plexo solar.** Utiliza una de tus manos para encontrar el punto más bajo del esternón. Es la zona blanda que hay entre las costillas. El arcángel Miguel activa este chakra para que pueda recibir el fluir de los beneficios y privilegios. Tú tienes derecho a conocer tu herencia divina, recordar quién eres en verdad, ser empoderado por el fluir de la energía divina pura.

- **El arcángel Miguel está aquí.** Fuerte y poderoso en los caminos del Señor, ¡Miguel está aquí para liberarte! Tú eres un hijo poderoso del Altísimo! Eres sabio, exuberante, cariñoso, y creativo. Tienes derecho a recibir amor, respeto y apoyo. Esta es una oportunidad para liberar los recuerdos de todas las ocasiones en las que te has sentido abandonado, solo y enfadado en tus vidas pasadas.

- **¡Elige otra vez!** Elige las conexiones amorosas, porque ellas son tu herencia y tu derecho divinos. Tus ángeles están aquí para ti. Te apoyan, te guían, te aman mientras tú descubres a la persona maravillosa que realmente eres.

- **Chakra raíz.** Coloca una de tus manos sobre el coxis. Miguel activa una faceta de tu chakra raíz. Este centro recibe la energía de la seguridad y la confianza. Esta activación abrirá también una base firme de confianza en la guía y la intervención divinas y te ayudará a reconocer la presencia y la guía de tus ángeles y confiar en ellos.

- **La conexión entre la confianza y la seguridad** forma una importante pirámide de Presencia. Te encantará sentir cómo esta energía fluye a través de tu cuerpo. ¡Eres mucho más amado de lo que piensas!

BENDICIÓN DE LOS ÁNGELES: LA EDAD DE ORO DE LA ILUSTRACIÓN

Todos los cimientos han sido colocados para el albor de la Edad de Oro de la Iluminación.

Como Alma Maestra, y Alquimista Maestro, tú eres quien se está manifestando en la Edad de Oro en la Tierra.

Todo lo que tocas con amor se convierte en el oro de la conciencia amorosa –de la Iluminación, que literalmente ilumina–.

La luz que portas en tu alma y en tu corazón, la luz que haces brillar sobre los otros a través del cuidado amoroso, la aceptación y el respeto, es Iluminación.

Cada uno de tus actos de bondad es Iluminación, la iluminación de una persona, un lugar o una situación que se encontraba en la oscuridad de la ignorancia.

Tú eres un precioso y amado Hijo de la Luz. Somos una gran familia cuando nos encontramos en la unidad del amor. Tú eres la bendición y el don.

23
¡Me siento tan solo!

Sostenedme. Necesito ayuda pues tengo una sensación de soledad muy agobiante. Necesito la confirmación de que los ángeles están conmigo. ¿Me encuentro en el camino correcto?

El ángel Shekinah te sostiene en *unión* con el amor divino. Los ángeles de la compañía te guían desde la soledad hacia el amor, para ayudarte a interpretar el anhelo del alma como una fuerza beneficiosa y reconocer el poder transformador de la esperanza. La soledad es un riesgo de la *iniciación de la Cuarta Puerta*. Has ido demasiado lejos en la disolución. Es hora de conectarte con tu familia del alma.

La llamada del alma se manifiesta de diversas formas. A veces es una experiencia dramática de revelación, aunque también puede ser una profunda comprensión interior. Existe otro tipo de llamada del alma que pasa desapercibida. La soledad es su sello distintivo. Podemos perder interés en la vida y sentirnos abandonados, y ya no tener ganas de vivir. Estos sentimientos indican que *tu alma está subiendo a la superficie e intentando emerger*. Estás sintiendo el anhelo del alma.

El deseo más profundo del alma es reunirse con Dios. Tú sientes ese deseo como soledad, o como una sensación de carencia que nada puede colmar. ¿Sientes que nadie te comprende? ¿Te sientes diferente a todas las personas que conoces? ¿Estás deseando volver a tener una conexión plena con el amor divino?

ÁNGELES DE LA UNIDAD

Tu despertar ha comenzado. Los ángeles de la unidad te están elevando hacia el amor divino. La energía en soledad es el amor. Esa sensación de tristeza es el amor que se extiende hacia ti. El amor divino está desgarrando las limitaciones de tu corazón para que puedas sentir tu conexión con el Hogar.

Di a conocer al ángel del anhelo en *Angel Love Cards*: «El ángel del anhelo puede ayudarte a entender la fuerza beneficiosa de esta emoción que se puede sentir como algo desgarrador. El anhelo es la llamada de tu alma que quiere conducirte hacia el amor y la verdad. El mayor deseo del alma es que el hogar vuelva al corazón de la creación».

El anhelo y la soledad pueden paralizarte o propulsarte a la acción y motivarte a buscar el amor. El ángel Hadraniel está ablandando tu corazón para que sienta el amor incondicional. El ángel de la compañía te sostiene entre sus brazos, como una madre que consuela a su hijo. Fanuel, el ángel de la esperanza, ilumina la oscuridad con la promesa de sanación. Tú eres el sanador, ¡y este es un tiempo de sanación!

Shekinah, el ángel de la unidad, te llama para que vuelvas al Hogar con tu familia del alma. Tú siempre estás en presencia del amor puro. ¡Nunca estás solo! Siempre estás acompañado por los ángeles. Tu alma te convoca para que se disipe la creencia colectiva de que estás separado del amor divino y de las demás personas. ¡Solo necesitas nuevos amigos!

Revisado de un mensaje recibido por Judith Coates en *Jeshua: The Personal Christ, vol. IV.*

- **Pronuncia con frecuencia la siguiente afirmación**: «No estoy solo; en este momento estoy en presencia del amor puro. Estoy en presencia del amor de los guías, maestros, ángeles, santos y todos los seres queridos que he conocido a lo largo de todas mis vidas».
- **Viaje a la clínica de sanación de Rafael.** Tu Ser Maestro te está esperando, conectado contigo de una forma amorosa.
- **Llama a un compañero espiritual.** Llama a un amigo, en primer lugar llámalo en tu corazón buscando una sensación de conexión amorosa y de seguridad. Luego llama a tu amigo por teléfono y dile: «Necesito un poco de ayuda. ¿Podrías ayudarme a sentirme conectado con el amor?». No hay mayor propósito en la vida que compartir el amor con otra persona.
- **Describe a tu amigo o a tu ángel,** en esta conexión que brinda el amor, lo que quieres experimentar. ¡No hay nada malo en ti! Pide simplemente la compañía, la amistad o la familia espiritual que tu alma y tu corazón anhelan.
- **Siente una profunda paz.** A través del poder del amor, la paz te envolverá y la sensación de pesadez y aflicción se disipará.

BENDICIÓN DE LOS ÁNGELES: ORACIÓN DE LOS ÁNGELES PARA LA AMISTAD

Queridos ángeles:

Me dirijo a vosotros para pedir por los amigos que hoy tengo en mi corazón.

Por favor, concededles alegría para atenuar su tristeza.

Por favor, concededles esperanza cuando se sientan perdidos.

Por favor, sanad su cuerpo cuando estén enfermos.

Por favor, llenadlos de luz cuando estén en la oscuridad.

Por favor, calmad su cerebro cuando estén ansiosos.

Por favor, serenad su alma cuando estén dolidos y secad sus lágrimas cuando lloren.

Por favor, ayudadlos a sentirse amados cuando se sientan solos.

Por favor, ofrecedles consuelo cuando estén sufriendo.

Por favor, concededles fuerza cuando se sientan débiles.

Por favor, protegedlos y guiadlos.

Y lo más importante, ayudadlos a conocer la Gracia de Dios todos los días de su vida.

Por esto rezo.

Que así sea.

Giuliana Melo, *365 Days of Angel Prayers*

24

¡AYUDADNOS A RESOLVER EL CONFLICTO!

Estoy atravesando una situación muy dolorosa con mi familia / mi trabajo / mis amigos. ¿Cuándo podemos reunirnos para ponernos de acuerdo de verdad y remediar el problema?

Los conflictos se producen cuando alguien traspasa nuestros límites invisibles. Los límites son ideas relacionadas con cómo deberían ser las cosas o cómo deberíamos tratarnos los unos a los otros; y también son problemas de seguridad. Seguramente alguna vez habrás vivido una situación en la que tus expectativas no se cumplieron. Tal vez te hayas sentido no amado, o incluso disgustado, debido a una discusión. O acaso te hayas sentido traicionado o amenazado.

En una fase del desarrollo intentamos forzar a los demás a creer en lo que nosotros mismos creemos, con el fin de potenciar nuestra valía personal y nuestra autoestima. Esta necesidad es tan intensa que puede provocar una escalada de los conflictos, y esto puede llegar a provocar una situación violenta o incluso desencadenar una guerra. A medida que nuestra conciencia despierta empezamos a tener una perspectiva más amplia de las cosas.

ÁNGELES DE LA ARMONÍA

Los ángeles de la humildad te recuerdan que tú no puedes controlar a nadie, ni siquiera tienes control sobre ti mismo. Los ángeles del respeto te guían hacia la madurez espiritual, donde puedes generar espacio para adoptar nuevos puntos de vista y al mismo tiempo sentir la fuerza de tus propias opiniones. Si te abres a una verdad superior puedes encontrar soluciones.

Estamos a la vanguardia de una nueva sociedad basada en la colaboración, la participación y la creatividad. ¿Qué pasaría si recurriéramos a la innovación para resolver los problemas de fondo en vez de intentar vencer a un adversario? El ángel Charmiene te guía para que antes que nada encuentres la armonía en tu interior. Los ángeles de la compasión te ayudan a escuchar a otras personas con el corazón abierto.

Albert Einstein afirmó: «Es esencial que exista un nuevo tipo de pensamiento para que la humanidad sobreviva y avance hacia niveles superiores». El ángel Amitiel nos ayuda a hallar el hilo común de la verdad para encontrar soluciones. Los ángeles de la iluminación nos guían para que demos un salto cualitativo hacia una sociedad cocreativa y trabajemos juntos para alcanzar el bien superior para todos.

RECETA DE LOS ÁNGELES: EL SER ILUMINADO

Actualizado de un poderoso mensaje recibido a través de Judith Coates en *Jeshua: The Personal Christ, vol. IV.*

- **Respira**. Relájate. Los ángeles de la iluminación están ayudándote a observar la situación desde el Reino de los Cielos. Relaja tus ojos y tu boca hasta sentirlos blandos y suaves. Respira una vez más, inhalando profunda y suavemente. Exhala muy despacio. A medida que te relajas experimentas un estado de calma. Inhala y exhala. Comienza a sentirte en paz.
- **Conviértete en un testigo**. Respira amplia y suavemente. Siente la luz que te rodea, una suave y amorosa luz blanca dorada que lo ilumina todo. Respira hacia esa luz, dejando que tu mente se expanda. En este lugar sagrado de paz conviértete en un testigo. Analiza qué es lo que ha pasado en el ojo de tu mente y vuelve a visualizarlo. ¿Qué te han dicho o hecho ellos?

¿Qué has sentido? ¿Qué les has dicho o hecho tú? ¿Cuáles son tus sensaciones sobre lo que has hecho o dicho?

- **Ilumina la escena.** En esta ocasión visualiza a la otra persona y a ti mismo como cuerpos de luz. Imagina que cada uno de vosotros es un vórtice de energía luminosa brillante y parpadeante. ¿Es blanca la luz, o es de colores? Contempla el intercambio de energía que se produce en el encuentro. ¿Cómo era la energía de las otras personas mientras te hablaban? ¿Cómo era tu energía cuando las escuchabas? ¿Cómo era tu energía cuando les respondías, ya sea verbalmente o en silencio? ¿Tenía colores? ¿De qué forma está fluyendo la energía? ¿Cómo están interactuando vuestras energías?

- **Habla desde tu corazón.** En ese estado de expansión donde presencias la interacción de la energía, ¿qué es lo que sientes en el fondo de tu corazón? ¿Qué le diría tu corazón a esa persona? Mientras dejas hablar a tu corazón, dedícate a observar cómo responde la energía. ¿Qué es lo que sientes? ¿Cambian los colores o los patrones de luz? ¿Qué acción asumiría tu corazón? Observa la energía y siente la transformación.

- **Acepta la bendición.** Permite que las bendiciones de sanación y respeto estén presentes y se manifiesten en este lugar sagrado de paz mientras la energía se transforma. Respira profundamente una vez más y convoca a los ángeles para que os iluminen a ambos con armonía, compasión, verdad, respeto y humildad. Respira. Relájate. Vuelve al momento presente sintiéndote en paz y con la sensación de haberte sanado.

- **Busca oportunidades para encontrar soluciones.** La próxima vez que veas a la persona en cuestión debes estar abierto a encontrar soluciones.

BENDICIÓN DE LOS ÁNGELES: DESPIERTA TU CAPACIDAD DE LIDERAZGO

Adopta una mentalidad de abundancia, conexión y fluencia.

¿Me encuentro en un estado de amor y abundancia?

¿Se asienta mi vida en la seguridad de la energía divina?

Promueve el Liderazgo basado en el amor.

Yo soy un creador poderoso de mi experiencia. Mis ideas son literalmente las semillas de la creación.

Soy el Héroe de mi propia historia. Canalizo la energía divina de mi verdadero ser hacia el mundo. En mi visión hay una sustancia tangible y una verdad antes de comprobar los resultados.

Mi comunidad se moviliza. Mi corazón y mi amor me permiten conectarme con las personas de una manera sincera y vulnerable.

En una gozosa acción de gracias, nos concentramos en las soluciones mientras el fluir todavía es invisible.

¡Elevo mi frecuencia de éxito!

¿Qué sucede si todo lo que hago está relacionado con recibir de Dios el don del Amor?

El éxito es la culminación de la unión del corazón y el espíritu en beneficio de todos.

Parafraseado de Karen Tax, *The IAM Way, the IAM Way Compass* [El camino IAM,* la brújula del camino IAM]

---

* *Identity and Acces Management* ('Gestión de Accesos e Identidades').

25
HAMBRE

Me duele el corazón cuando veo a personas que pasan hambre. ¿Qué puedo hacer para ayudar a todos los que sufren por este motivo?

El hambre existe en todas partes. Está allí en la esquina de la calle en el hombre que sostiene un cartel que dice: «Cualquier ayuda es bien recibida». Está en la cara de uno de cada seis niños que asisten al colegio que está cerca de tu casa. Está en el padre que se ve obligado a optar entre pagar las facturas de los servicios públicos o comprar comida para sus hijos. El hambre tiene una estrecha relación con la pobreza; y los fenómenos relacionados con la meteorología, tales como los incendios, las inundaciones o los huracanes, afectan a la disponibilidad y distribución de los alimentos. La escasez de alimentos está presente en las zonas de conflicto, lo vemos diariamente en las noticias.

Los ángeles proveedores requieren que como respuesta el mundo manifieste piedad y generosidad con aquellos que sufren y se sienten vulnerables, y que se fomente la prosperidad para aliviar la situación y resolver el problema.

Los expertos están de acuerdo en que *hay comida suficiente como para alimentar a todo el mundo.* Y si a esto le añadimos esos casi trece mil millones de euros en productos agrícolas que se desaprovechan cada año, ¿cómo no indignarnos al conocer que ochocientos quince millones de personas sufren malnutrición?

¿Qué significa todo esto para ti? ¿Sientes que debes hacer algo para ayudar a alimentar a los vecinos y niños que pasan hambre? No debes caer en la desesperanza porque existen muchas formas en las que puedes contribuir a solucionar el problema.

ÁNGELES PROVEEDORES

Ooniemme te invita a sentirte agradecido por los alimentos y la seguridad. Elabora una *lista de agradecimiento* por todo aquello que contribuye a que estés bien alimentado, incluyendo el flujo de dinero que te proporciona tu trabajo, tus amigos y tu familia. Añade a la lista tu agradecimiento por todas las áreas de abundancia que te ha proporcionado Fortunata, el ángel de la prosperidad.

¿Qué estás dispuesto a hacer para ayudar a paliar el hambre? El ángel de la vulnerabilidad te ayuda a identificar cuál es la población más sensible a la que deseas asistir. Mi comunidad advirtió que en su seno había un número sorprendente de personas sin hogar y adolescentes que pasaban hambre. Entonces se creó *Answer For Youth*, o *TAFY*, para ofrecerles un lugar al que pudieran acudir para recibir alimentos y artículos de primera necesidad. Las iglesias locales y los vecinos trajeron comida caliente y suministraron regularmente otros artículos de primera necesidad.

Cuando ves en la televisión catástrofes climáticas, crisis económicas y conflictos, estás viendo por anticipado que a corto plazo habrá una crisis alimentaria. Los ángeles de la generosidad te invitan a participar de alguna forma. Los bancos de alimentos y los programas de alimentación siempre necesitan voluntarios y contribuciones.

¿Eres una persona innovadora? ¿Puedes inspirar a tu comunidad para que transforme un espacio vacío en un pequeño huerto que ofrezca productos gratuitos a todo el mundo? Están surgiendo muchos programas que estimulan a plantar productos agrícolas en espacios públicos o en los jardines de las casas. En un mundo mejor podríamos caminar por la calle y recoger los alimentos que necesitamos cada día.

AmpleHarvest.org fue creada para terminar con el desperdicio de los alimentos y el hambre en Norteamérica: «Nuestra función de búsqueda *online* facilita que las personas que cultivan alimentos en sus jardines compartan esos productos frescos y sanos con bancos de alimentos locales». ¿Eres un intermediario? ¿Has observado que en las tiendas de alimentación de tu vecindario tiran a un contenedor los productos que están a punto de caducar? ¿O por el contrario los envían a un programa de alimentación? ¿Cuáles son las iglesias y las organizaciones locales que ofrecen programas de alimentación? ¿Qué hacen los agricultores que comercian con sus alimentos después de la cosecha? ¿Autorizan la recogida de los productos que no se han vendido? ¿Quién se encarga de recogerlos y a dónde van a parar esos alimentos?

RECETA DE LOS ÁNGELES: CONVIÉRTETE EN UN ACTIVISTA DE LA ALIMENTACIÓN

¡Pasa del optimismo y las vanas ilusiones a una participación activa! Te necesitan.

- **Identifica cuál es la población vulnerable** a la que quieres ayudar, ya sea cerca de tu localidad o en una región distante.
- **Pasa a la acción.** ¿Qué es lo que puedes hacer? ¿Puedes donar alimentos, dinero o tiempo? ¿Puedes dedicarte a cocinar o a servir la comida? ¿Puedes poner en contacto a los individuos con grupos que apoyan una causa común?
- **Reacciona con generosidad**. Si no tienes tiempo, energía ni recursos para participar activamente, la oración es una respuesta muy poderosa.
- **¡Haz algo!** Por ejemplo, dejar algunas latas de alubias en la caja que se destina a la distribución de alimentos. Las ONG y las iglesias suelen hacer campañas de recogida de alimentos. Infórmate de dónde están las cajas donde se depositan esos alimentos para distribuirlos luego entre la población necesitada y añade algunos artículos de tu propia bolsa de la compra. Eso sí puedes hacerlo.

BENDICIÓN DE LOS ÁNGELES: UNA ORACIÓN POR LA PAZ MUNDIAL

Bienamados ángeles:

Guiad nuestros corazones en memoria de quienes realmente somos, seres de amor y luz; todos creados a partir de la misma fuente.

Permitid que de nuestro ADN espiritual brote la aceptación de todos los caminos, porque todos los caminos son un solo camino: y recordadnos que lo que nosotros consideramos el único camino está entretejido con el camino místico de la verdad.

Llenad nuestro mundo de amor y luz, para que cada alma despierte y recuerde que existe una sola familia humana: una ascendencia espiritual común. Enviadnos la gracia de un corazón abierto para poder sanar nuestra pérdida y encontrar otra vez el camino hacia el amor. Llenadnos de bendiciones.

Envolvednos en alas de luz de estrellas; permaneced a nuestro lado mientras caminamos sobre la faz de la Tierra y recordadnos que debemos avanzar con pasos ligeros y con honor y gratitud por todo lo que nos ha sido concedido.

Despertadnos para recibir el amanecer de un día completamente nuevo, lleno de todo el potencial que posee el universo. Guiadnos para vivir este día como si fuera el primero, el único; porque eso es lo que es. Concedednos hoy el don de la paz.

Que así sea.

Dra. Cathleen O'Connor,
365 Days of Angel Prayers

26
VIOLENCIA

Presencio con horror una nueva atrocidad. ¿Qué puedo hacer para ayudar a paliar el sufrimiento que producen esos actos de violencia?

Independientemente de que estés en medio de una situación de violencia doméstica (o de cualquier otro tipo) percibiendo el sufrimiento de un miembro de la familia o de que seas testigo de conatos de violencia en otras partes del mundo, *¡estás autorizado y empoderado para invocar la Intervención Divina!* ¡Los primeros auxilios llegan de la mano del arcángel Miguel, que ofrece protección! El arcángel Uriel también está presente proporcionando asistencia personal tanto a las víctimas como a los violentos. El equipo del ángel de la justicia añade la fuerza de la pureza para honrar todos los sentimientos y experiencias. Mihr ayuda a restaurar las relaciones y la armonía.

Las personas violentas son personas que sufren. Se sienten profundamente heridas y no pueden ver más allá de la desesperación. La ira se transforma en culpa, y la venganza se convierte en agresión. Quienes están atrapados en la vibración energética de la cólera no pueden escapar de ella. Y desde esa posición no parece haber más opciones que la de compartir el dolor haciendo daño a otras personas.

¿Tienes una relación en la que imperan los abusos? El maltrato puede ser físico, emocional, mental o económico. Las amenazas verbales y las acusaciones humillantes son una forma de abuso. ¿Acaso tu pareja es celosa y controladora? ¿Tienes que pedirle permiso para hablar con tus amigos o para salir? ¿Te dice qué ropa tienes que usar y cómo debes comportarte? ¿Controla el dinero para que no puedas utilizarlo? Busca ayuda profesional y da por terminada esa relación. Existen muchos recursos y ayudas a tu disposición.

ÁNGELES DE LA JUSTICIA

Tú eres un sanador. Cada vez que padeces o presencias situaciones de violencia, estás en el equipo de los primeros auxilios del arcángel Uriel. Disponte a prestar servicio con la mejor de las disposiciones con el propósito de atender las necesidades de los demás de la mejor forma posible en cada momento. A menudo la respuesta se manifiesta a través de la oración.

Respira pensando en tu santidad y conéctate con la fuente del amor incondicional. Debes saber que todos los que están involucrados también son santos. El arcángel Miguel ha entrado nuevamente en escena para ofrecer su protección. Él trae consuelo para los que están abandonando el cuerpo y para aquellos que sobreviven. Mihr, el ángel de las relaciones, consuela a los familiares, a los amigos y a la comunidad. A menudo vemos comunidades que se unen para entrar en acción y ofrecer su compasión con la intención de colaborar con la recuperación y la sanación de quienes reciben el impacto directo de la violencia masiva. El ángel Charmiene proporciona a la comunidad armonía clamorosa como una nueva forma de ofrecer servicios de salud mental y perdón, que favorecen la sanación.

Los traumas derivados de experiencias violentas pueden provocar disfunciones cerebrales, y las terapias basadas en el cerebro pueden inducir la sanación más efectiva. La doctora Lori Leyden es una reconocida líder global por tratar los traumas producidos por la violencia en los sobrevivientes del genocidio de Ruanda, el tiroteo en Marjory Stoneman Douglas High School y otros casos similares. Con su equipo de rápida intervención para la curación de los traumas, ha observado que el trastorno de estrés postraumático (TEPT) es igual de perjudicial para aquellos que atienden a los sobrevivientes.

La doctora Leyden fue pionera en los protocolos de sanación de los traumas basándose en las evidencias con una terapia fundamentada en el cerebro, conocida como EFT/Tapping (Técnica de Liberación Emocional). Si tienes un trauma derivado de una situación violenta, ya sea directa o indirectamente, pide ayuda profesional. No sufras en soledad.

RECETA DE LOS ÁNGELES: TÚ ERES UN SANADOR EMPODERADO

- **Respira.** Relaja tu cuerpo. Estás a salvo. Relaja tu mente. Respira hacia tu corazón para que se relaje. Siente tu alma y siente a los ángeles que están a tu alrededor protegiéndote.
- **Eleva tu conciencia.** Respira hacia tu alma, hacia la estrella de tu alma y hacia tu Ser Maestro para convertirte en el testigo. Observa cómo los acontecimientos se desarrollan como una danza de energía. Dirige tu conciencia hacia el reino celestial donde las legiones de ángeles están esperando tus órdenes.
- **¡Eres tú!** Tú estás autorizado y empoderado para invocar la Intervención Divina y la sanación para todas las personas, incluidas las que son violentas. Considera que todas las personas son sagradas, como lo eres tú mismo. Contempla esta situación como una oportunidad para sanar y elevar la conciencia de todo el mundo.

- **Solicita protección divina, seguridad, consuelo y sanación.**
  Confía en que tu corazón de sanador sabe exactamente lo que
  es necesario hacer. Los ángeles están respondiendo.
- **Todo está hecho.** En tu imaginación, todo está hecho. Abre los
  ojos. Sigue adelante.

BENDICIÓN DE LOS ÁNGELES: SÉ UNO CON NUESTRO MUNDO

Al describir la *iniciación de la Sexta Puerta*, la doctora Leyden afirmó: «Tenemos que enamorarnos de nosotros mismos y de nuestro mundo tal cual somos ahora. Desde esta actitud de tener el corazón abierto y no resistirnos a lo que hay, podemos comenzar a sanarnos a nosotros mismos y colaborar con la sanación del mundo».

Mi Dios es tu Dios.

Mi religión es gratitud, amor, alegría y prodigio.

Cuando soy:

Uno con mi respiración.

Uno con mi cuerpo.

Uno con mi corazón.

Uno con mi mundo.

Podemos ser:

Uno con nuestra respiración.

Uno con nuestros cuerpos.

Uno con nuestro corazones.

Uno con nuestro mundo.

Dra. Lori Leyden, MBA, *The Grace Process™ Guidebook*
[Manual del proceso de la gracia]

27

Agitación política

No puedo dormir, y todo lo que sucede en nuestro sistema político me parece nauseabundo. Al mismo tiempo, ¡me siento empoderado para emerger como un nuevo líder de la luz!

Concéntrate en visualizar una sociedad en la que te gustaría vivir. Imagina sus líderes locales, nacionales y globales como personas diversas, amables y sabias. Visualiza un mundo empresarial próspero que sirve a la humanidad ofreciendo abundancia a todos los individuos e innovación para resolver todos los desafíos.

¿Qué puedes hacer para conseguir que este mundo sea tu realidad? Te han convocado para servir a la humanidad en la *iniciación de la Sexta Puerta*. ¿Cómo puedes modificar tu propia vida para satisfacer tu visión? ¿Qué pequeños pasos puedes dar en beneficio de los demás?

ÁNGELES DE LA ACCIÓN

Estás presenciando el caos creado por aquellos que están desconectados de la Fuente de Sabiduría y Amor. A pesar de que esto resulta desagradable, e incluso puede provocar temor en algunos momentos, el ángel Kaeylarae dice: «Debes estar en *paz*». Conviértete en el pacificador.

Este caos es parte del ciclo dedicado a elevar la conciencia. No todos están preparados para renunciar al control del ego y cambiarlo por la Divina Presencia. Mientras observas como se desarrolla este proceso, siente compasión por las figuras públicas que están luchando por retener el poder y el control. Sé testigo del daño que causan recurriendo a una filosofía basada en la codicia. Pero si lo miramos desde una perspectiva más general, en realidad están alterando el *statu quo*, abriendo espacio para difundir la nueva energía que permitirá que tenga lugar un cambio beneficioso. El ángel Hadraniel te invita a ponerte las gafas del *amor*. Infunde la conciencia colectiva con amabilidad y esperanza. Sé el Enamorado.

El ángel Paschar está activando tu visión divina en el momento en que identificas a un participante cuyas acciones destruyen sistemas y hacen daño a las personas. Reflexiona, ¿cómo se puede resolver esta situación? ¿Qué estrategias innovadoras nos elevan a todos hasta llegar al nivel de cuidado y colaboración que necesitamos? Sé el Visionario.

Las personas de buen corazón están despertando a la necesidad de cuidar a sus congéneres. ¡La verdadera función del gobierno es atender las necesidades de la gente! Los ángeles de la acción están inspirando a millones de individuos; desean que seamos capaces de encontrar nuestra voz en el sistema. Millones de ciudadanos están descubriendo que tenemos el poder de elegir. Tenemos los medios necesarios para cuidarnos unos a otros, porque todos somos realmente Uno. Precisamente de ahí procede la expresión «de unos a otros». Cada uno de nosotros, incluso aquellos con los que estamos en desacuerdo y a los que desdeñamos, tiene un propósito. Alterando el orden del sistema, están abriendo el camino para una verdadera reforma que sea respetuosa con todas las personas.

Estamos en los albores de una nueva Edad de Oro. Todos los ángeles se han reunido aquí para elevar nuestra conciencia, inspirarnos para realizar las acciones correctas y enaltecernos hasta alcanzar la experiencia divina. Los ángeles de la acción están revelando los pasos que puedes dar para mejorar las relaciones en tu localidad, en tu comarca, en tu estado, en tu país y en el planeta. Sé el Activista.

RECETA DE LOS ÁNGELES: CONVIÉRTETE EN UN ACTIVISTA ESPIRITUAL

- **Sé un visionario.** Visualiza lo que te gustaría que fuera el sistema político. Puede ser algo a nivel global, nacional, estatal o local. Si prestas atención y te dedicas a imaginar qué es lo que te gustaría ver, ya estás contribuyendo a la conciencia colectiva de las posibilidades.
- **Sé un oportunista.** Concéntrate en las oportunidades que existen para producir un cambio positivo. Presta atención a las opciones de ofrecer una vida mejor a todas las personas.
- **Sé un activista.** Únete a grupos que tienen tu misma visión de las cosas. Entra en acción cuando sientas que es necesario. Contribuye, asiste, marcha, ofrécete como voluntario, busca, habla, participa.
- **Sé una fuerza del amor.** El amor es la fuerza más poderosa de toda la creación. Al irradiar amor desde tu corazón estás alimentando la conciencia colectiva para toda la humanidad con bondad, compasión, generosidad y esperanza.
- **Mantente a la vanguardia.** ¿Qué puedes hacer para crear un futuro mejor y más sostenible? Cultiva un huerto, compra un coche eléctrico, instala un sistema para aprovechar el agua de lluvia en tu hogar, monta paneles solares, trabaja como voluntario, reduce el consumo innecesario.
- **¡Expresa tu alegría!** ¡Juega! Diviértete más. Aumenta tu grupo personal de amigos. Únete a grupos que realizan actividades que te gustan o las apoyan. Abre tu corazón para conectarte más profunda y personalmente con los demás.
- **Sé un pacificador.** Hazte amigo de alguien que tenga un estilo de vida diferente al tuyo y otras creencias. Relacionarse con personas diferentes reduce el miedo y fomenta la paz.

BENDICIÓN DE LOS ÁNGELES: ENCARNA EL AMOR EN EL MUNDO ACTUAL

Eres amado.

¡Eres el que ama!

¡Tú ERES el AMOR!

Respira hacia tu corazón.

¿Puedes sentir el amor en el aire?

¿Puedes sentir cómo el amor acaricia tu piel? Respira.

¿Puedes sentir cómo el amor circula en el oxígeno

que hay en tu cuerpo?

¿Puedes sentir cómo el espacio que hay entre las moléculas de tu cuerpo vibra de amor?

Esta es la Verdad, lo único que existe es el Amor. Estamos contigo en todos los momentos de la eternidad, abrazándote con Amor.

¡Tú eres Amor!

¿Cómo puedes SER AMOR en el mundo actual? ¿Irradiando silenciosamente el Amor, que es una potente presencia en tu corazón?

¿De una forma activa a través de tu discurso y tus acciones con las demás personas?

Sé consciente de tus palabras, pensamientos

y acciones.

Haz de ellos una plegaria viviente,

una expresión de amor.

¿Qué diría el Amor?

¿Qué haría el Amor?

SÉ AMOR

28

ANIMALES

Mi mejor amigo está pasándolo mal. ¡No puedo soportar ver sufrir a los animales!

Tener un gatito ronroneando en tu regazo es muy agradable cuando necesitas sentirte reconfortado. Tu perro te mira con esos profundos ojos marrones, o quizás azules, y tú te sientes acompañado. Algunos dicen que los primeros hombres que caminaron por la faz de la Tierra jamás hubieran sido capaces de sobrevivir sin animales de compañía. Si la relación más importante que tienes en la vida es con un animal, ya sabes que esto es verdad.

Los animales se comunican telepáticamente a través de sentimientos, imágenes y esencia, independientemente de que tengan pelo, alas, pezuñas o escamas y sean domésticos o salvajes. Su mayor don es enseñarte a estar presente con ellos. Devuélveles ese honor. Ofrece a tu mejor amigo toda tu atención mientras lo cuidas, lo alimentas, lo cepillas, juegas con él o sales a dar un paseo. Ellos no tienen que hacer varias cosas a la vez cuando están contigo, a menos que algo interesante corretee por los alrededores: «¡Una ardilla!».

ÁNGELES DE LA COMPAÑÍA

Los ángeles abrazan con ternura y amor a todos los seres vivos. Invoca a Ariel, el ángel de la naturaleza, para que te ayude a comunicarte con tus animales. Los animales conocen a los ángeles. Nuestros animales de compañía nos aman de forma incondicional, nos cuidan y a menudo consideran nuestras enfermedades como un regalo de compasión amorosa.

¿Acaso tu mejor amigo tiene problemas de salud o de conducta? Esta es una invitación a sanaros juntos. ¿Sabías que los animales también tienen ángeles guardianes? Pídele a tu ángel guardián que se conecte con los ángeles guardianes de los animales para ayudarte a comprenderlos y sanarlos.

¿Qué es lo que necesita tu amigo? A lo mejor eres capaz de percibir alguna imagen o emoción. El lenguaje corporal ofrece indicios. Tú reconoces claramente cuándo tienen hambre o quieren salir. Pero ¿qué otras cosas te comunican a través de su actitud y comportamiento? Los problemas de conducta y las enfermedades de los animales, que a menudo reflejan el estrés que perciben en ti, suelen empeorar cuando no conseguimos entender sus mensajes.

Respira. Relájate. Sal a dar un paseo con él en cualquier momento. Concédete permiso para «simplemente saber» lo que tu amigo te está diciendo. El arcángel Rafael se deleita rodeando a nuestros queridos amigos con la luz verde del amor sanador.

En los incendios, inundaciones y otros desastres naturales que vemos en las noticias, es bastante frecuente que haya animales abandonados que necesitan ser rescatados.

El arcángel Miguel envía su energía protectora de color azul a todas las situaciones de peligro, abuso y rechazo, y también a las zonas que han sufrido catástrofes naturales. Cuando te ocupas de cuidar a los animales y buscar oportunidades para dirigir tu amor sanador hacia ellos, te encuentras en la *iniciación de la Sexta Puerta*. Aquí aprendemos a confiar más profundamente y podemos abrir nuestro corazón a los animales de una forma que somos incapaces de hacer con las personas.

   El pequeño libro de la sanación con los ángeles

RECETA DE LOS ÁNGELES: SANACIÓN DE LA LUZ VERDE DE RAFAEL

Sube a los pequeños animales de compañía a tu regazo; siéntate o mantente de pie junto a animales de mayor tamaño; o dirige esta energía sanadora a los animales que están lejos. ¡Ellos la reciben! (Inspirado por Linda Kean, comunicadora de animales).

- **Acaricia a tu mascota**. Háblale suavemente con un tono reconfortante y explícale que tú y los ángeles vais a ayudarla a paliar su dolor, malestar o cualquier otro tipo de problema que tenga. Relájate y respira.
- **Imagina que estás iluminando** los chakras que te conectan energéticamente con tu amigo.
- **La orbe de luz verde de Rafael** fluye hacia ti. El arcángel Rafael está abriendo un portal para sanaros a ambos. Una tierna calidez de color rosa dorado inunda el espacio cuando Ariel llega a tu lado.
- **Los ángeles elevan vuestras almas** a través de los reinos celestiales en dirección a la energía superior de la Fuente. Puedes sentir que ambos Seres Maestros están conectándose a través de ese amor de color rosa dorado.
- **La protección del arcángel Miguel** entra en el espacio sanador y también en el animal si se encuentra en peligro.
- **Abandónate.** La luz verde de Rafael se extiende para rodearos a ambos. El color verde atrae la energía a través de vuestros chakras. Es fácil abandonarse y olvidarse de todo lo que no corresponde a lo mejor y más perfecto de vosotros.

- **Afianza este vínculo de amor.** Ariel dirige la luz rosada del amor hacia todas las células de tu amigo, fortaleciéndolo y sanando la enfermedad. Ariel infunde luz sanadora entre vosotros. Siente cómo se fortalece vuestro vínculo amoroso.

- **Deja de preocuparte** por tu mascota y por lo que a ella le preocupa de ti. El arcángel Miguel añade la luz dorada de la esperanza, la comprensión y la alegría a la energía sanadora. Llena tu mente con imágenes felices y saludables de vosotros dos jugando juntos. El amor y la sanación se funden para ofreceros una sanación profunda de vuestras almas. Los animales conocen esta luz y pueden curarse instantáneamente.

- **Relájate para sentir el amor.** Los ángeles sellan este amor sanador y os guían para que retornéis a vuestros cuerpos. Ariel toca vuestros chakras del tercer ojo para que estéis conectados. Rafael toca la parte superior de vuestras cabezas para que la sanación descienda desde los chakras del alma hasta el chakra raíz. Todo está hecho.

BENDICIÓN DE LOS ÁNGELES: UNA PLEGARIA POR LOS ANIMALES

Invocamos al arcángel Rafael para que ayude a todos los animales que tengan necesidades especiales y observamos ahora su perfección.

Solicitamos al arcángel Miguel que guíe a cualquier mascota que esté perdida para que vuelva a los brazos amorosos de sus familiares y amigos.

Con la presencia pacífica del arcángel Chamuel vemos a los animales avanzar suave y felizmente hacia la última etapa de su camino.

Agradecemos a la Madre María, que cuida a las organizaciones que se ocupan del bienestar de nuestros animales y a todas las almas que proporcionan hogar y alimentos a las mascotas entregadas por sus dueños.

Nos da mucho placer ver que la vida salvaje goza de buena salud, que los ecosistemas están equilibrados gracias a las abundantes bendiciones del arcángel Ariel y de los espíritus de la naturaleza.

Estaremos siempre agradecidos a Dios por regalarnos estos seres sagrados que nos ofrecen un amor puro e incondicional.

Nuestra gratitud a san Francisco por abrir nuestros corazones, mentes y oídos a los susurros intuitivos de los animales y por su ayuda para que sigamos honrándolos de la mejor manera.

Estamos abiertos y somos receptivos.

Damos la bienvenida a todos los milagros con el corazón agradecido.

Marla Steele, *365 Days of Angel Prayers*

29
Desastres naturales

Estoy presenciando la fuerza devastadora del clima, de los terremotos y de los incendios. ¿Qué puedo hacer para ayudar a mitigar la situación?

Los seres humanos tenemos un equilibrio precario y delicado. No se necesita mucho para diezmar nuestros hogares y nuestras vidas. ¿Y si los fenómenos naturales fueran una bendición y una segunda oportunidad en vez de una catástrofe? Werner Erhard lo denominó «benéstrofe». *Cuando te encuentras en una situación complicada, tu alma te invita a aportar algo.* Tal vez se trate de una experiencia personal que estás viviendo en este momento o de una desgracia que está teniendo lugar en algún lugar del mundo. Utiliza tu luz para transformar esa situación. Siéntete Uno con la posibilidad de transformar esa catástrofe en una situación beneficiosa.

Amplía la conciencia de ti mismo para abarcar la zona afectada, ¡un continente, un planeta, el sistema solar, la Vía Láctea, el universo, el cielo! Tú eres el amor divino. Tú eres radiantemente poderoso en la divinidad de tu Ser Sagrado. Inhala el amor radiante y la paz de los reinos celestiales para exhalarlos sobre nuestro universo, la Vía Láctea, el sistema solar, el punto azul pálido en el espacio que es nuestro planeta Tierra, la zona y el continente afectados, tu casa y tu vida.

ÁNGELES DE LA NATURALEZA

Invoca al arcángel Miguel para que proteja a quienes se encuentran en peligro. Conecta a tu ángel guardián con los afectados. De esta forma resultarán fortalecidos y se sentirán alentados por tu compasión amorosa y tu visión. Cuando una zona ha sido reducida a escombros, tenemos la oportunidad de elevar nuestras miras todos a la vez. ¿Cómo puede una pérdida catastrófica transformarse en una situación benevolente? Imagina familias fortalecidas por el amor. Visualiza empresas que contribuyen generosamente con sus recursos e innovación. Paschar te guía para que visualices comunidades que superan las diferencias y encuentran un terreno común para unirse y protegerse mutuamente. Imagina comunidades afectadas que se reúnen para cooperar y diseñan nuevas formas de organización para construir todo lo que necesitan. El ángel del coraje abre tu corazón a las bendiciones en medio de la pérdida. ¡Sé valiente!

Ariel, el ángel de la naturaleza, disfruta cuando asumimos responsabilidades y nos percatamos de que esa es la forma de marcar una diferencia. *¡Pide!* Solicita a Ariel que equilibre las fuerzas de la naturaleza. Desplaza las lluvias excesivas de una zona inundada a un territorio seco o en llamas. Calma los vientos y las aguas. Alivia el estrés con suaves movimientos. ¡Sé una fuerza de la naturaleza!

Los ángeles de la generosidad nos guían para que respondamos a las necesidades de los demás. Envía dinero, reza o trabaja como voluntario. Deja que tu corazón te guíe para encontrar la mejor manera de ayudar a los damnificados con tus dones y habilidades. Elon Musk transformó el tubo de un cohete para ayudar a rescatar a los niños atrapados en una cueva de Tailandia. La reverenda Velma Alford se ofreció como voluntaria en la Cruz Roja repartiendo cepillos de dientes y una gran cuota de bondad durante el huracán Katrina, que tuvo lugar cerca de su casa en Luisiana. Personas procedentes de todas partes del país llegaron con sus coches llenos de mantas, comida, agua, ropa y medicinas, en solidaridad con las personas damnificadas. Los expertos en plegarias les dedicaron su tiempo y energía mientras miraban las noticias en los telediarios y enviaron amor, ángeles, sanación y consuelo a las víctimas del desastre.

RECETA DE LOS ÁNGELES: CONSIDERAR LAS DESGRACIAS COMO UNA SEGUNDA OPORTUNIDAD

¿Qué es lo que harás tú?

- **Activa tu divinidad** expandiéndote hasta tu Ser Maestro; dirige luego el amor sanador a la Madre Gaia. Obsérvala mientras recupera el equilibrio plácidamente. Aprecia su generosidad.
- **Imagina oportunidades** para reconstruir con más amor y cooperación los espacios devastados.
- **Siente una conexión** de unidad con las personas implicadas y ofréceles consuelo y ánimo.
- **Solicita** a Ariel y a los ángeles de la naturaleza que regulen el clima, distribuyendo mejor el viento, el agua, la tierra y el fuego para cuidar a todos los seres vivos.
- **Trabaja como voluntario.** ¡Sé valiente! Encuentra la mejor forma de ofrecer tu ayuda. Rezar en casa es una forma potente de dar.
- **Sé proactivo.** Súmate al Equipo Comunitario de Respuesta a las Emergencias (CERT) más cercano a tu localidad. Ponte en contacto con la Cruz Roja. Descubre cómo puedes colaborar cuando se producen catástrofes, que en realidad son segundas oportunidades.

BENDICIÓN DE LOS ÁNGELES: MILAGROS BENDITOS

Cree en tu capacidad para crear milagros de bendición cada día a través del Amor Divino de los ángeles.

Calma tu corazón porque es un lugar sagrado donde los milagros pueden manifestarse con total claridad y producir un profundo despertar.

Cuando percibas la resistencia al cambio que tienen otras personas debido a sus miedos profundamente arraigados, permite que tu corazón arroje luz sobre ellas para iluminarlas con amor, guía y sanación, y permanece en servicio para promover su evolución.

Avanza y confía.

Nuestras proyecciones diarias de Amor Divino te guían. El amor siempre es la respuesta.

El perdón es tan necesario como respirar.

Rendirse es tan necesario como comer.

Confiar es tan necesario como dormir.

Escucha diariamente la voz de tu corazón para avanzar con confianza mientras percibes y experimentas cada vez con mayor claridad los milagros de confiar, crear y rendirse al Amor Divino.

Tú eres un poderoso hacedor de milagros.

Cada una de las acciones que realizas y cada uno de tus pensamientos iluminados por el Amor Divino se magnifican y expanden produciendo milagros de bendición.

¡Tú ya eres Amado!

Las alas de tu alma son doradas y tu corazón está lleno de nuestro amor.

Mantén tu mirada en el cielo, las manos sobre el corazón y los pies bien arraigados sobre la preciosa Madre Tierra.

Siente cómo la vibración del amor llena tu corazón para dar a luz nuevos milagros.

Rev. Lisa A. Clayton, *365 Days of Angel Prayers*

30
Ayudadme a manifestar mis poderosas visiones

Sé cuál es mi siguiente paso en el camino de mi alma. Percibo la visión y estoy preparado para entrar en acción.

Soñé que me encontraba con Paul McCartney. Con lágrimas en los ojos le agradecía que hubiera creado una banda sonora que había sido fundamental en mi vida. Él recibió mi gratitud con satisfacción, y entre nosotros se estableció una conexión de alma a alma. Cuando estaba a punto de marcharme me preguntó: «¿Me acompañas a dar la vuelta al mundo? Mi *jet* privado me está esperando». ¡Menuda invitación! Yo tenía un montón de justificaciones para explicarle que no podía aceptar su invitación. Me desperté desconcertada.

¿Qué pasaría si tuvieras millones de dólares, un jet privado, un equipo, editores y todo lo que necesitas para materializar tus sueños? Cuando recibes grandes visiones de lo Divino, ¿tienes una lista interminable de excusas que te impiden hacerlas realidad? En su canción *Golden Slumbers* [Sueños dorados], los Beatles hablaban de cuál era la forma de volver a casa.

ÁNGFLES DE LA MANIFESTACIÓN

Nuestra poderosa visión de Paschar nos conduce a nuestro propio Hogar. Con cada experiencia que vive nuestro Ser Maestro acercamos el cielo a la Tierra. La resonancia del amor divino provoca sonrisas en los ojos de quienes nos rodean. En nuestros sueños dorados, el arcángel Jofiel nos proporciona poder creativo para que seamos capaces de manifestar nuestras misiones aquí en la Tierra. ¿Y si los recursos ya nos fueron dados, y sencillamente todavía no hemos aprendido a reconocerlos? Hemos estado transportando ese peso durante mucho tiempo, con la idea de que debemos manifestar nuestras visiones en soledad. Y en definitiva, lo más importante es el amor.

El ángel Jamaerah invoca al equipo de apoyo, a la comunidad, a los clientes y los recursos necesarios para manifestar nuestras visiones. No hemos sido creados para hacerlo solos. El amor es el acto de cocreación. Esta es la *iniciación de la Séptima Puerta*, que da vida a nuestro Ser Maestro a través de la manifestación de nuestras visiones en presencia de otras personas para generar una divinidad participativa.

Necesitamos una comunidad cocreativa y sagrada para manifestar las visiones divinas. De acuerdo con Barbara Marx Hubbard, cuando nos reunimos con almas afines, «el afán de expresar nuestra creatividad nos dará la energía necesaria para superar nuestras propias limitaciones». En su libro *Emergence* [Emergencia] también afirma: «Cuando permanecemos juntos establecemos un "campo de resonancia" que nos hace sentir que a un nivel más profundo estamos siendo conectados con un patrón cósmico. Es un campo de ágape,* o un campo de amor».

El arcángel Metatrón nos proporciona pensamiento, idioma de luz y geometría sagrada para crear el marco energético y los cimientos de ese patrón cósmico. Metatrón dijo: «Crea desde tu corazón a través del amor, y las recompensas serán maravillosas». Observa tus sueños y actúa en consonancia con las señales que se presentan en tu vida cotidiana. ¡El universo está conspirando para respaldar tu trabajo sagrado!

---

* En el cristianismo «Amor del alma. Amor fraternal o universal y desinteresado».

- **La buena disposición** abre la cámara del tesoro de los recursos y la sabiduría. Debes saber que eres Uno con tu visión. Relaja tu foco de atención para desplazarte hacia la conciencia de tu Ser Maestro, pues esto es lo que te permitirá pensar con originalidad.

- **Amplía tu punto de vista** hasta superar las creencias que limitan tus pensamientos. ¿Estás buscando lo que es correcto, o lo que es incorrecto? ¿Acaso no deseas sentir el fluir que se crea cuando contemplas posibilidades en las que jamás hubieras pensado?

- **Accede.** Tu corazón lleno de amor es el punto de acceso.

- **Abre tu corazón al amor** para que fluya todo lo que necesitas a la hora de dar tu siguiente paso en la misión que tienes encomendada.

- **Pronuncia la siguiente afirmación**: «Permite que la abundancia de tiempo, riqueza y amor fluya hacia mi vida».

- **Abre tu corazón** con frecuencia a lo largo del día.

- **Recibe.** Comprueba que tu equipo de ángeles te guía y te alienta. Ellos dicen: «¡Estamos *siempre* aquí!».

BENDICIÓN DE LOS ÁNGELES: BIENVENIDO AL CONSEJO DE LOS BIENAMADOS

Bienamado hijo del Altísimo, bienvenido al Consejo de los Bienamados. Toma asiento junto a nosotros con devoción amorosa y ofrece tu servicio a la Única Fuente de todo el Amor. Estamos siempre contigo, guiándote, respaldándote y amándote.

Cuando nos das la espalda, estamos aquí. Seguimos estando. Seguiremos ofreciéndote nuestra guía, apoyo y amor hasta que completes el trabajo que debes realizar.

Tú realmente nunca nos das la espalda; sigues un camino de estudio diferente que es una parte importante del proceso de tu despertar. Todo sucede con una sincronización divina y te conduce a la realización de tu plan divino.

Te apreciamos, Bienamado. Honramos tu firme devoción y compromiso. Nos complace que hayas llegado hasta este momento, hasta este estado de conciencia, y que estés preparado para el siguiente mapa de tu viaje.

Deja que el viento aleje toda duda y todo miedo. Deja que el sol naciente ilumine tu conciencia. Abre tu corazón a la voluntad y al amor divino.

Sé un ángel terrenal en acción

Ahora que ya has practicado cómo trabajar diariamente con tus ángeles para resolver problemas y responder a las oportunidades que te ofrece la vida, ¿de qué manera seguirás incluyendo a los ángeles en tu vida cotidiana? Y lo más importante, ¿cómo te invitan los ángeles a difundir tu servicio y tu conexión?

Los ángeles afirman:

Estamos llamando a nuestros Amados Hijos de la Luz para que se encuentren y se conozcan. Para que unan sus fuerzas. Son millones. Pero no hay dos personas que sean semejantes. Viven en todo el mundo y en todos los países. Practican todo tipo de religiones y credos. Están concentrados en ayudarse mutuamente de muchas y variadas maneras, y en colaborar con el planeta Tierra y con el cielo.

Os estamos llamando para que volváis a vuestro Hogar, Amados Hijos. ¿Podéis sentir cuánto anhela vuestra alma regresar a casa? ¿Podéis notar vuestro corazón invitándoos a sentir el amor? Estos signos revelan que eres un Hijo de la Luz y que estás escuchando nuestra llamada. Estamos invitando a los diferentes grupos y líderes a conectarse para ser Uno. Encontrad el hilo común que os vincula. Descubrid la llamada del alma que os unifica. Necesitamos que oréis juntos. Necesitamos que meditéis juntos. Necesitamos que converséis sobre los temas importantes que os unen. Gracias a la fuerza de un mayor número de personas, un poder superior y la presencia del amor divino pueden manifestarse.

Cuando os reunáis, os veréis reflejados mutuamente al miraros a los ojos. Descubriréis que vuestras almas anhelan la misma conexión de amor y unidad, a pesar de utilizar palabras diferentes. Juntos conoceréis algo más sobre quiénes sois. Descubriréis algo más sobre los dones y las habilidades que os han sido concedidos. Veréis con más claridad cómo se desarrolla vuestro plan divino. Tendréis el coraje de actuar mientras os guían.

Tú estás en un momento decisivo y muy valioso. ¿Darás tu voto de confianza? ¿Aceptarás la llamada divina? Eres una pieza importante del conjunto. Eres necesario.

Regresa ahora mismo al Hogar.

Regresa al Hogar, al amor, a la unidad, a la guía, a la sanación y a todo lo que necesitas para satisfacer la llamada de tu alma.

Eres digno y valioso. Eres amado.

Regresa a tu Hogar, al amor.

Tu familia de luz está aquí. Te invitamos a sumarte a nuestra comunidad en www.GatewayCommunityOfHigherConsciousness.com.

Empodera tu llamada espiritual y tu camino todos los meses mientras nos conectamos con alegría y amor, creatividad y sanación.

Recursos

365 Days of Angel Prayers
- www.youtube.com
- www.facebook.com

Albert Einstein, «Atomic Education Urged by Einstein» [Educación atómica a instancias de Einstein], *New York Times,* 25 de mayo de 1946.

AmpleHarvest.org, conecta a los pequeños productores con bancos de alimentos Ani Pathik, www.facebook.com/anita.pathik.law.

Barbara Marx Hubbard, *Emergence: The Shift from Ego to Essence* [Emergencia: el cambio del ego a la esencia] 10 pasos para el ser humano universal.

Rev. Bobbe Bramson, www.angelhearttoheart.com.

Dra. Cathleen O'Connor, www.cathleenoconnor.com.

Rev. Cathi Burke, www.angeloflightministry.com.
- *Americo Michael: Surrounded By Angels –A Journey in Transformation* [Rodeado por los ángeles; un viaje de transformación].
- *My Soul's Embrace: A Path of Self Discovery and Healing* [El abrazo de mi alma: un camino de autodescubrimiento y sanación].

David R. Hawkins, *El poder frente a la fuerza.*

Debbie Ford, *Antes de tomar una decisión en su vida hágase estas preguntas.*

Giuliana Melo, www.giulianamelo.com.

Rev. Jana Marie Toutolmin, www.facebook.com.

Jean Slatter, *Pon el cielo a trabajar: una guía práctica para trabajar con los espíritus de la creación,* www.Jean Slatter.com.

Rev. Jodi Cross, colaboradora, *Bring the People Back to My Love: Rosary for the Children of Light* [Haz que las personas retornen a mi amor: rosario para los niños de luz], rev.jodicross@gmail.com.

Judith Coates, www.OakbridgeUniversity.org.
- *Jeshua: The Personal Christ, Volume IV: The Interdimensional Self, The Way to Peace* [Jesús: El Cristo personal, vol. IV: el Ser interdimensional, el camino hacia la paz].

- *Jeshua: The Personal Christ, Volume VII: Absolute Love, Infinite Light* [Jesús: El Cristo personal, vol. VII: amor absoluto, luz infinita].

Dra. Judith Larkin Reno, curso *online Spiritual Initiation* [Iniciación espiritual], www. GatewayUniversity.info.

Julie Geigle, www.heavensenthealing.us.

Karen Tax, *The IAM Way Compass*, [La brújula del camino IAM], www.theiamway.com.

Kay Sheppard, «Breaking Free from Food Addiction» [Cómo liberarse de la adicción a la comida], www.Kay Sheppard.com.

Rev. Dra. Kimberly Marooney, www.KimberlyMarooney.com.

- *A-HA! A unique self-help guide to Archangel~Healing Activation Sessions* [¡Ajá! Una guía de auto-ayuda única para las sesiones de activación de la sanación de los arcángeles].

- *Angel Blessings: Cards of Sacred Guidance and Inspiration* [Bendiciones de los ángeles: Cartas de guía e inspiración divinas].

- *Angel Love Cards of Divine Devotion, Faith and Grace,* [Cartas de amor de los ángeles de devoción, fe y gracia divinas].

- *Bring the People Back to My Love: A Rosary for the Children of Light* [Haz que las personas retornen a mi amor: rosario para los niños de luz].

- *My Angel Connection: The Guidebook to Interactions with Angels* [Mi conexión con los ángeles: manual para las interacciones con los ángeles].

- *Sacred Book of Light: Holy Sacraments* [Libro sagrado de la luz: sacramentos sagrados].

- *Your Guardian Angel in a Box: Heavenly Protection, Love and Guidance* [Tu ángel guardián en una caja].

Linda Kean, *Archangel Raphael and Ariel Healing Meditation for Animals,* [Meditación de los arcángeles Rafael y Gabriel para animales] www.youtube.com/watch?v=yRPWkMJFFhU&t=3s.

Rev. Lisa A. Clayton, www.LisaAClayton.com.

Dra. Lori Leyden, MBA, ww.createglobalhealing.org.

- *The Grace Process™ Guidebook* [Manual del Proceso de la Gracia].

- *Trauma Healing and Resiliency Response Team* [Sanación de los traumas y equipo de respuesta de resiliencia].

Louise Hay, *Usted puede sanar su vida.*

Dr. Rick Hanson, www.RickHanson.net.

Samuel Barber, *Adagio para cuerdas.*

Rev. Saxon Knight, *Seraphim Angels: Guide to the Healing Path of Love: Heal Your Life with the Power of Belief, The Teachings of the Seraphim Angels, Book Two,* [Ángeles serafines: Guía para el camino de sanación del amor, Libro Segundo], www.SaxonKnight.com.

Sound Essence, *Archangel Blessing Mists,* www.SoundEssence.net.

Sunny Dawn Johnston, Kimberly Marooney, Karen Paolino Correia, and Roland Comtois, including Angel Messengers from Across the Globe, *365 Days of Angel Prayers* [365 días de oraciones para los ángeles], www.SunnyDawnJohnston.com.

Susan Shumsky, *Sanación instantánea. Obtén fortaleza interior, empodérate y crea tu propio destino,* www.DivineRevelation.org.

The Answer for Youth (TAFY), www.theanswer4youth.org.

Timothy Conway, *Women of Power and Grace: Nine Astonishing, Inspiring Luminaries of Our Time* [Mujeres de poder y gracia: nueve sorprendentes e inspiradoras luminarias de nuestra época].

Rev. Velma Alford, www.VelmaAlford.com.

Vianna Stibal, *Theta healing. Una poderosa técnica de sanación energética.*

Vicki Synder-Young, www.VickiSnyder.com.

Agradecimientos

¡A Nancy Owen Barton, que es un ángel terrenal! Ella entendió mi visión, sujetó mi mano y me guio durante los dos años que tardé en consolidar la idea de este libro, redactó la propuesta y compartió conmigo la magia, ¡hasta que Greg Brandenburgh y Hampton Roads dijeron SÍ!

¡Sí! La palabra más importante de la creación.

A mi querida Dana, que siempre ve lo mejor en mí.

A Lori, Karen, Jackie y Lorraine, que me animaron a desplegarme para alcanzar estados cada vez mayores de sabiduría y amor divinos y compartirlos.

A mis amigos de las comunidades Gateway y Oakbridge con quienes compartí la alegría de nuestro viaje cada vez más profundo hacia el Espíritu. Me sentí muy amada y muy bendecida.

Y principalmente a ti, querido lector. Me has permitido compartir la sabiduría y el amor divinos que residen en mi corazón, en mi alma y en mi Ser Maestro.

Puedes encontrarme en la clínica de sanación. Soy uno de esos seres de luz, ¡y TÚ también lo eres!

Acerca de la autora

Kimberly Marooney es licenciada en Interpretación Musical por la Universidad Estatal de San Diego y ha sido ordenada ministra intra-espiritual. Tiene un máster y un doctorado de la Universidad Gateway y fue designada presidenta de dicha universidad en 2016. Ha vendido más de doscientas cincuenta mil copias de su mazo de cartas *Angel Blessings* [Bendiciones de los ángeles]. Kimberley vive cerca de Port Angeles, Washington.